Storytelling

Contar historias con propósito

Andrés Jorge

Storytelling

Contar historias con propósito

Andrés Jorge

Cancún 2021

Agradecimientos

Siempre he sido tan desagradecido como para ignorar que en los libros hay una página para eso, agradecer. Pero a todos le llega su día. Y es un descubrimiento que agradeces. Y el día que empiezas a agradecer, ya no te paras nunca.

Pero tampoco quiero eso. Ya vendrán otros. Aquí y ahora solo es el pelotón que se sumó para ayudarme a escribir este libro. No fue una elección suya ni mía porque nunca elegimos nada realmente, aunque nos creamos el cuento del libre albedrío. ¿A quiénes agradezco aquí, pues?

A Sabina Bautista, la gran amiga, y la fiel lectora que no puede faltar a un escritor. Agradezco cada lectura y conversación que nos conecta con lo Invisible; a falta de buenas respuestas, siempre empujándonos a hacernos mejores preguntas.

A Zam, David y Nett. Estuvieron en esos primeros años y dimos juntos las batallas iniciales para integrar el storytelling en la comunicación de nuestros emprendimientos. A su visión y su talento debo las insignias. Yo puse algunas armas.

A María Garaitonandia, fundadora de Global Bridges Training,

Intercultural Leadership Business y más. La amiga infaltable de media vida en México. Por la corriente de confrontación que nunca se agota, desde donde estemos. Su hoja de vida y su entereza son un espejo donde me gusta mirarme sin que ella lo sepa.

A Diana Arroyo, por su Silencio de Menta y su Intensa Mente, *Intensity* Diana, editora, escritora (sigue estando bien loca, dice Sabina). En aquellos primeros cursos en Monterrey su energía incontenible se sumó a la visión de que yo sería "el gurú del storytelling en México"; por pretencioso y trillado que eso suene (lo dije yo, no ella). Desde entonces ha sido ese silencioso compañero de viaje que aparece de tiempo en tiempo a la orilla del camino, saluda y sigue en lo suyo.

A Marisol Vanegas, por distinguir a la primera el valor del material con que estaba trabajando y agarrarme de la mano y jalarme, *vamos, adelante, muéstranos de lo que eres capaz*. Nadie lo hizo de manera tan puntual y oportuna, con esa bondad, visión y fortaleza de quien saca lo mejor de nosotros sin pedir nada a cambio.

A Anita Hernández. Ajena a ello hasta el día de hoy, con un gesto de insospechada trascendencia me hizo el mejor regalo en el momento más oportuno. Fue una casa con siete ventanas desde donde pude ver un nuevo paisaje de mitos y sueños y empecé a imaginar cómo sería si yo... Bueno, en realidad fue un libro y lo destaco bastante en éste otro.

Jorge Hevia, no nos vimos mucho desde entonces, cada quien siguió su itinerario después de ese encuentro último de *Barcos que se cruzan en la noche*. Pero me quedó un relato crucial con una enseñanza importante sobre dar cuando tenemos y servir cuando servimos. Contaré esa historia aquí.

A Silvia, Cristian y Jorge González, por supuesto, son mi equipo, mis socios, mi clan, mis capitanes, mi oculto apellido, mi tierra, mi sangre. Vieron nacer y hemos crecido juntos a la sombra de

Storytelling by Andrés Jorge. Han gestado conmigo este libro y todo lo que contiene.

Y, finalmente, a Ian y Matiu, que ni vienen al caso, solo están ahí para recordarme el martiano adagio: *Ganado tengo el pan, hágase el verso*. O sea: corretea la chuleta, papá. O sea, deja ya de escribir tonterías y ponte a trabajar en ese libro de storytelling, nos hace falta. O sea… ya.

Nota de los editores

Este es un libro largamente esperado. Por muchos, pero más que nadie por nosotros. Con su publicación cumplimos un periplo de emprendimiento y completamos el trayecto de un viaje iniciático, el de Storytelling by Andrés Jorge.

Ahora empezamos nuestro propio viaje. Hace ya unos años que, por vocación y a modo de exploración, acompañamos a otros autores en la creación y publicación de su obra. Finalmente, nos ha tocado asumirnos como una empresa editorial con esa Razón de Ser propia de que se habla en este libro y que se despliega a través de una Misión, Visión, y Valores que aprendimos a compartir con Andrés Jorge, el escritor, el editor, el maestro de storytelling y un pionero la investigación del tema y su enseñanza en México. Este es el primer libro que publicamos con el sello editorial de Cancún Storytelling Studio. No podía ser otro, y que vengan más.

Nota del autor

Toda historia es un viaje, y con este libro nos ponemos juntos en el camino. Me va a dar gusto acompañarte, ser tu guía. Pero antes, me parece importante tomarnos un minuto para señalar un punto destacado en la hoja de ruta.

Una de las paradojas de enseñar storytelling es la dificultad que representa explicarlo. Por eso, es importante que sepas que este no es un libro para hablar de storytelling, sino para mostrar cómo se hace y para qué. No para aprender, sino más bien para aprehender y emprender el camino, el viaje mismo. De ahí que me tome la libertad de sugerirte que no dejes de acompañar la lectura con los ejemplos de historias en video que referenciamos aquí todo el tiempo.

Así fue concebido este libro originalmente, como material de referencia de un curso básico de storytelling donde vemos muchos videos para entender cómo se construyen relatos de todo tipo, pero sobre todo para sentirlos, compartir la experiencia. Es la manera más eficaz y puntual de entender cómo funcionan las historias y qué las hace tan importantes. Y por qué todos dicen ahora que cuentan historias, aunque en realidad no sepan cómo.

Insisto, las explicaciones son subsidiarias aquí; sin el apoyo del material audiovisual la experiencia no será completa. Por eso, además de las referencias a las historias en video en cada capítulo, al final se incluye una videografía como contenido imprescindible y con material adicional que usamos en nuestros talleres.

Con la publicación de cada libro de esta serie, correlacionado con un curso de nivel más avanzado, iremos añadiendo títulos y referencias. Y para quienes desean llegar más lejos, seguir en el camino, hay también al final de esta primera entrega una bibliografía básica con todos los títulos sobre storytelling que fui encontrándome y añadiendo a mi propio arsenal mientras avanzaba en la investigación del tema y la preparación de nuevos cursos.

Sin dudas, también serán armas de gran valor para ti si un día quieres aventurarte más allá en tu propio viaje. Así que también te las comparto, pero eso, como ya dije, es al final. Ahora, ya podemos ponernos en camino.

I. Cómo descubrí el storytelling (lo que eso signifique)

La llegada del tsunami

El 11 de marzo de 2011 un terremoto y un tsunami estremecieron Japón. Cientos, miles de imágenes tomadas con teléfonos celulares saturaron primero las redes sociales y, posteriormente, los medios de comunicación de todo el mundo. Edificios tambaleantes, oficinas convertidas en basureros, techos viniéndose abajo; el asombro, el miedo y el caos apoderándose de todo. Y, un minuto después, la entrada brutal del tsunami.

Los efectos del Gran Terremoto de Japón Oriental se hicieron sentir en todos los países con costas en el océano Pacífico, incluidas las Américas, pero las imágenes de la catástrofe nos llegaron desde el litoral japonés. Con los fragmentos de segundos y minutos podría armarse un largometraje sobre el desastre natural más impactante en lo que va del siglo XXI. Y todos lo vivimos, no desde la comodidad del hogar, en el noticiario de televisión, sino en una tableta, la computadora o un teléfono, donde estuviéramos, donde nos alcanzaran las ondas expansivas que seguían replicándose ahora traducidas a bits de información que pudiéramos compartir.

Concentrados en el hecho en sí, en las imágenes en pantalla, difícilmente podamos detenernos a pensar que lo que estamos viendo ha sido uno de los grandes sueños de la humanidad haciéndose realidad. El sueño de estar conectados. Interconectados.

Las redes sociales, ese otro terremoto que recorre el mundo en olas cada vez más expansivas y con efectos aún por determinar transmitieron el tsunami, el asombro, el morbo, lo extraordinario y lo ordinario, la destrucción y la muerte con celeridad inusitada hasta el último rincón del mundo a donde llegara en ese momento. Y no solo vimos la catástrofe, por supuesto, también la compartimos con los nuestros. Con solo oprimir un signo en la pantalla compartimos también por lo menos alguna de las impactantes imágenes que nos llegaban. Cada quien reenviaba a su gente las que más les impresionaron, estableciendo así, sin saberlo, de forma natural, una jerarquía de escenas e historias acaso de más a menos impactantes.

En todo el mundo la gente iba extrayendo orden del caos informativo de las primeras horas, compartiendo lo que sentía, más que lo que sabía. Y, poco a poco, los noticiarios empezaron a arrojar cifras, datos, anécdotas…

Los medios de comunicación tradicionales ya no pueden dar la noticia, propagar la información. Su rol se desplaza cada vez más a analizarla, su centro se mueve del qué, la primicia, la noticia de última hora, al por qué, a debatir los pormenores y las razones detrás de cada evento y cómo nos afectan. Para conocer lo que acaba de suceder están ahora las redes sociales. Y para mucho más. El usuario ha tomado el poder en sus manos, literalmente.

(O así parece; aunque haya otras manos detrás de nuestras manos, también en busca de información que procesar. Sobre nosotros, sobre ti. Nuestra libertad de elegir, como todo, también tiene un costo).

Por eso, todos somos hoy mínimamente responsables de

la manera en que percibimos el mundo y del manejo de nuestra propia imagen como marca persona. Pero apenas empezamos a discernirlo, a entender esa responsabilidad, y las implicaciones que tiene. Lejos estamos aún de entender cómo esa red se integra en un tejido mayor, el del universo mismo. Las imágenes del terremoto, transmitidas en vivo, reproducían el desconcierto y el caos en las ciudades japonesas, pero no eran nuevas en cierto sentido. Este tipo de fenómenos en Japón ya no son siquiera novedad. La entrada del tsunami fue más devastadora que todo lo que habíamos visto antes. Más aún, porque nunca antes hubo tanto público preparado para verlo y dispuesto a retransmitirlo. Nunca antes habíamos presenciado en vivo la fuerza avasalladora de un mar arrastrando literalmente ciudades enteras, convirtiendo sus calles en ríos inmensos, con olas coronadas de coches y detritus urbano, un mar impensable, e imparable… casi en tiempo real.

Imaginemos ese caos en nuestra mente hoy. La revolución tecnológica de las últimas décadas ha puesto en las manos de todos ciencia y tecnología que antes del siglo XXI pertenecían al ámbito de la ciencia ficción. Esta 'democratización de los medios de comunicación' que permite a cualquier ser humano participar de una conversación globalizada es ese otro tsunami cuya entrada ha estremecido hasta los cimientos de la sociedad y el mundo contemporáneo y ha transformado radicalmente la manera en que se produce y se consume la información, el entretenimiento y los contenidos de todo tipo.

Esa onda expansiva remueve las estructuras mismas de la sociedad y la economía, y su función de onda se manifiesta en todo en nuestra vida diaria. Y nos deja la necesidad de reconstruir, repensar y hacer el necesario recuento de ganancias y pérdidas.

Nada será igual. Vivimos en una nueva era, aunque no tenga visualmente el aspecto que predijeron los textos sagrados o la ciencia ficción de antaño, y todavía no salimos del asombro, sumidos como estamos en descargar la siguiente aplicación, hacer las compras por Amazon, y revisar cada día, a cualquier hora, nuestras redes sociales, porque no hay manera real, objetiva, de desconectarse. Vivimos en la Matrix, y día a día se conectan cientos de miles a compartir mensajes, a producir bits de información que correrá por las venas de fibra óptica del mundo, antes de escapar en forma de calor al aire.

(Así que, deja que se asienten estas ideas ahora que las visitamos juntos de nuevo y piensa ahora para ti por un momento [un minuto de meditación] cómo ha quedado el panorama después de este tsunami, si es que estabas aquí antes de que pasara. Si no, te quedan los libros y las películas y los cuentos de tus papás para saber cómo era, la generación que sigue ni siquiera tendrá ya esto último).

El cambio de paradigma

La manera en que hoy se produce, se consume y se distribuye la información, la forma en que se genera, interactiva, colectiva, y colaborativa —para bien o para mal— implica un cambio para siempre.

Desde que subimos una foto de un amanecer a Instagram, o compartimos una lista de canciones, u opinamos sobre una película o el último partido de la Champion's League, estamos nutriendo ese universo paralelo de la comunicación global.

La crónica de nuestra vida diaria, cómo armamos poco a poco un relato de quienes somos, y los medios y motivos y propósitos con que lo hacemos, las historias que contamos y los recursos y tiempo implicados en ello, WhatsApp,

Facebook, Twitter, la tableta o el *smartphone*, simplemente no fueron parte de nuestra existencia en el siglo XX. Cero, nada, *no-thing*.

Hoy están en todas partes, todos los tenemos, todos los usamos, desde cualquier rincón del mundo. Y eso cambia radicalmente nuestra realidad, adiciona capas para crear una seudorrealidad. Las ondas del tsunami de la comunicación global se nutren y crecen se expanden y chocan y se entremezclan día con día. Y todos participamos de esa realidad disfrazada, o cubierta con esa capa: las nuevas ropas del emperador que nos desnudan.

Con la foto de un amanecer en Instagram, o una frase en Twitter, iniciamos el día poniendo nuestro granito de arena. Incorporamos nuestra presencia en ese tejido mayor, inmenso, que no deja de crecer hacia dentro y hacia fuera. Es una partícula de información más que se suma a millones que se generan por oleadas en todo el mundo, para reintegrarse como onda que viaja a través de las venas de fibra óptica del planeta o como energía de código binario en la biosfera y más allá. Mucho más allá, a medida que el ser humano avanza en la conquista del espacio interestelar y el intracelular.

El ojo en el cielo, la oreja en el suelo

El 15 de septiembre de 2015, un día después de que llegara a la Tierra el "ruido cósmico" de una onda gravitacional, producida según los expertos por el choque y fusión de dos agujeros negros, los humanos pudimos escuchar e incluso ver por primera vez en nuestras pantallitas portables cómo se cumplía la última de las predicciones de Einstein, la formación misma de esos agujeros.

Esto se logró gracias a avances tecnológicos que pudieron interconectar decenas de radiotelescopios ubicados en muchos puntos de la superficie terrestre y captar el paso de la onda gravitacional. Por su parte, el telescopio Hubble, colocado fuera de la interferencia visual de la atmósfera terrestre, llevaba también más de veinte años mostrándonos imágenes que cambiarían nuestra percepción del universo. Ahora sumando y conectando radiotelescopios y nuevas supercomputadoras se abre otra puerta. Reunidos, los ojos y los oídos de los astrofísicos tienen nuevas historias que contarnos sobre nuestro universo y sus orígenes. Y como siempre sucede, cambian el discurso de la ciencia en el siglo veintiuno. Muchas ideas fijas (y, por supuesto, clarísimas, verdades indiscutibles) quedan al descubierto como verdades parciales y falsedades a medias. Esas que nos decimos todo el tiempo para tener alguna certeza de dónde estamos y, sobre todo, hacia dónde nos dirigimos, qué sigue.

Ese principio de la incertidumbre, un valor o constructo nacido en la física cuántica y consolidado ya en el pensamiento contemporáneo invita a reflexionar sobre lo que hasta ahora sabíamos, lo que ahora sabemos, y el rumbo a seguir con este conocimiento ya incorporado. Si la revolución industrial acortó distancias entre sociedades y culturas, puso locomotoras, barcos y aviones en función de transportarnos de un lado al otro y conectarnos con otras voces y otros ámbitos, la revolución tecnológico-social de hoy ni siquiera necesita transportarnos físicamente a una nueva realidad, puede poner cualquier realidad en cualquier parte del universo a nuestro alcance. Nos permite conectarnos con otro ser humano en cualquier lugar del planeta e incluso fuera de éste —transmitiendo en vivo desde Marte, por ejemplo— o acceder a información en el lugar más recóndito del Universo, incluso a tantos que nunca antes fueron visibles para el ojo humano. Aunque siempre imaginamos que ahí estaban. Lo intuíamos, que era otra forma de saber.

¿Y yo qué cuento aquí?

Contar historias —se ha repetido hasta la saciedad— ha sido desde siempre la herramienta de comunicación más poderosa que ha creado el ser humano. Sin las historias no seríamos humanos, no habría Historia, el hombre no tendría un referente de sí mismo, ni de culturas y civilizaciones. El universo, ha dicho Ursula K. Leguin, no está hecho de átomos, sino de historias. Y este no es un lenguaje metafórico, sino todo lo contrario; los átomos necesitan ser contados y medidos. Para ello se requiere de la presencia del observador que hará colapsar esa función de onda que recorre el tejido del espacio-tiempo. Y ello hará que los átomos cobren vida y significado, y tengan un nombre que podamos identificar, asociar a una imagen.

El primer versículo del Evangelio de Juan cuenta así la creación del Universo: "En el principio era el Verbo, y el Verbo era con Dios, y el Verbo era Dios". O sea, el universo solo existe a partir de que es verbalizado y contabilizado, medido y contado, y la información procesada.

Durante siglos y milenios, contar historias era también un arte y una ciencia reservada a unos cuantos. Del afán de relatar la vida, de hallarle un sentido a la crónica diaria, de hacer lo desconocido conocido surgieron la literatura, el teatro, las artes en general, las ciencias, la Historia misma, y el periodismo y los medios de comunicación masiva.

Igualmente, de las necesidades de comunicación de hoy surge eso que en el mundo de los negocios y la comunicación digital y social llamamos ahora storytelling (sí, en español). En principio, diferenciamos a este tipo de contador de historias de quienes los hicieron por siglos como bardos, escritores, dramaturgos y guionistas, de manera profesional y con motivaciones artísticas.

El uso que le damos al término storytelling, sobre todo cuando lo usamos como un préstamo lingüístico del inglés, tiene que ver más con las necesidades de comunicación de la marca persona o con la narrativa de una empresa. Todos necesitamos hoy presentarnos ante el mundo y darnos a entender. Decir y mostrar cada vez mejor quiénes somos y qué proponemos, qué nos distingue del resto.

De manera consciente o inconsciente, en esta conversación febril, global e incesante pareciera que hoy todos tenemos que aprender de alguna manera cómo hacer eso, porque no se enseña en las escuelas, ni siquiera en las de comunicación, concebidas hace muchos años para comunicar otra realidad.

Ahora esta seudorrealidad nos exige otras habilidades. El siglo XX fue el de la publicidad y su huella sigue aquí por todas partes; se metió en nuestras vidas de tal manera que sembró la noción de siempre haber estado, ubicua, invasiva, repetitiva. El siglo XXI, en cambio, se perfila como el nuevo amanecer del storytelling, una vuelta a lo básico, donde se aplican y se cumplen las viejas reglas en un entorno nuevo, y ya sabemos que la única constante es el cambio.

Una historia personal

Aunque yo estaba muy lejos de saberlo, las ondas expansivas del tsunami llamado storytelling llegarían hasta mí cuando tenían que llegar y, como siempre, en la forma menos esperada.

En el año dos mil catorce, en medio de una crisis económica y emocional, cayó en mis manos *The Seven Basic Plots, Why We Tell Stories* [*Las 7 tramas básicas; por qué contamos Historias*] el libro de 700 páginas, caja-grande-letra-chica de Christopher Booker publicado por primera vez en 2004. Aunque solo conocía el libro por amplias referencias de otros autores, lo cité en un taller. Una de las participantes decidió comprar dos copias y regalarme una. Anita Hernández era una publirrelacionista que colaboraba con varias marcas de moda y de conocidos empresarios. En el pasado yo había compartido mi experiencia editorial y como contador de historias con escritores, editores y periodistas, pero ella era parte de este nuevo público interesado en el asunto de contar historias en su ámbito. Tal interés se estaba gestando en el mundo entero, y venía no de los medios de comunicación, sino de las empresas, de las organizaciones y de publicistas, consultores, coaches, manejadores de redes, y todo tipo de personas que tienen que hacer presentaciones públicas y de negocios o generar contenido.

El regalo fue inesperado en cualquier sentido y me puso delante por primera vez una profunda investigación basada en la psicología analítica junguiana sobre lo que hoy reconocemos como storytelling, aunque el autor no hace ninguna referencia a su tema usando ese término como se empezaría a usar después al asociarlo con el marketing digital y las narrativas de marca.

La llamada y el Llamado

El Destino a veces llama a tu puerta, se posa sin más en tu regazo, y despiertas del letargo, de un largo sueño o una larga espera. En storytelling nos referimos a ese evento o estímulo emocional, subjetivo, como el Llamado, un elemento fundamental a identificar en cualquier narración.

Entender tu llamado, a veces, es entender todo el sentido de tu vida, o cuando menos, percibir las señales que te llegan en un momento determinado desde la realidad más cotidiana, se cuelan en tu mente, y quizá llegan hasta el corazón sin que lo adviertas. Y te conminan a cambiar el rumbo, o a emprender algo nuevo. Cada emprendimiento humano es la respuesta a un Llamado. Y cuanto más consciente estés de él, mejor será tu respuesta a ese Llamado.

Yo vivía en la Ciudad de México todavía cuando un amigo cercano me llamó desde Cancún para preguntarme si tenía algún curso para vendedores. (No, jamás, ni a palos). Sería un curso breve, me explicó, sobre contar historias para su equipo de ventas de planes vacacionales.

No me hacía mucha gracia la idea de trabajar con vendedores. Y menos de tiempos compartidos: aunque se disfrazaban con el nombre de clubes vacacionales, eran unos abusivos. Bastaba con poner un pie en el aeropuerto de Cancún para que te cayeran encima con sus estratagemas para enjaretarte un "plan vacacional" a su medida. Pero yo no tenía muchas opciones tampoco a esas alturas, mi público objetivo era cada vez más escaso y reacio, así que lo pensé dos veces.

En toda la costa del Caribe Mexicano, los famosos tiempos compartidos son ese tipo de negocios multimillonarios que requieren hordas de vendedores en constante formación. Mi amigo siguió con su labor de ventas. Si preparaba el curso y lo impartía para su gente, me anunció, tendría público para rato. El objetivo es que "mi equipo entienda de una vez que lo que vendemos son experiencias, no productos, no servicios, vendemos emociones Hay que hacer que la gente vibre y viva lo que ofrecemos, que lo vea, que lo sienta…" en fin, si me interesaba…

Yo había impartido cursos de todo tipo relacionados con generar y publicar historias; sobre todo de periodismo narrativo, como contraparte a la generación de noticias y el estilo noticioso basado en la pirámide invertida. Y me seguía aferrando a la idea de que mi labor profesional y mi público objetivo pertenecían al ámbito del periodismo y, acaso, de la escritura creativa.

Cuando en el año 2008 dejé finalmente mi puesto al frente de una editorial de libros y revistas, lo hice con la firme decisión de no volver a trabajar jamás a tiempo completo en una oficina. Mucho menos en un medio de comunicación establecido. Quería compartir mi experiencia, formar editores, enseñar a otros lo que había aprendido en veinte años de dirigir publicaciones periódicas y la transición a los medios digitales. Había contribuido a rediseñar o relanzar una decena de revistas y periódicos. Estaba convencido de que tenía mucho que compartir con ese público objetivo y estaba dispuesto a hacerlo.

Pero la decisión me costaría. Lo que empezaría pronto a escasear era ese público objetivo que yo esperaba. El mercado para el que me preparaba en este emprendimiento, aquellos nuevos editores y publicaciones que yo estaba interesado en formar, no estaban ahí precisamente esperándome para escuchar mi mensaje.

Más bien estaba ocurriendo lo contrario. Cientos de periodistas en todo el mundo estaban siendo despedidos, y las redacciones de todos los medios de comunicación se reducían, se reestructuraban. La responsabilidad de informar y generar los contenidos quedaba en manos de cuatro gatos sobresaturados de trabajo, cada vez peor pagados, y a veces con nula experiencia editorial.

El periódico, el medio de medios, agonizaba, era un sistema amenazado y muy dañado. Publicaciones icónicas del siglo XX se apagaban como las luces de la ciudad con la llegada de la luz natural de un nuevo amanecer.

Entre el año 2008 y el 2012 sobreviví a duras penas con mi proyecto de asesoría a medios de comunicación. Y fueron tan duras las penas, como necesarias; yo había vivido en la misma burbuja de éxito que el medio en el cual me había desarrollado profesionalmente, y ahora estaba viviendo su decadencia. No fue hasta el año 2018 que volví a trabajar con un medio de comunicación digital, Cultura Colectiva, en la Ciudad de México, y ya no para impartir uno de aquellos cursos, sino un taller de storytelling.

Con esa llamada, en febrero de 2014, empecé a prever acaso que algo estaba ocurriendo allá afuera. En la distancia, reconozco que también sentía un poco de miedo a enfrentar a ese tipo de público y no ser capaz de darme a entender. Pero tenía que hacerlo.

(¿Que cómo respondí a la llamada? [¿O fue al Llamado?] Ah, sí…)

Lo primero que hice fue buscar en Google la palabra storytelling. Y no existía; ni siquiera en inglés hay una entrada en el Merriam-Webster's Dictionary para storytelling. Hay una entrada para *storyteller*, sin embargo. Y significa eso, contador de historias. Eso se refería a mí, por ejemplo, pero no a lo que yo hacía. Para mi sorpresa, ya para ese entonces las entradas del término en Google se contaban por cientos de miles. Encontré unas más recientemente en un prontuario de definiciones en inglés que nos puede servir para empezar.

"Contar historias es la transmisión de eventos en palabras e imágenes, a menudo mediante la improvisación o el adorno. Las historias o narrativas se han compartido en todas las culturas como un medio de entretenimiento, educación, preservación cultural y para inculcar valores morales. Los elementos cruciales de las historias y la narración incluyen la trama, los personajes y el punto de vista narrativo".

Bueno saberlo. Le pasaría la información al grupo de vendedores en una lámina y observaría sus caras llenas de interés… Además, a renglón seguido un par de citas me ponían sobre aviso: el asunto era más complejo de lo que se veía a simple vista. Sobre todo, esta frase de Hannah Arendt:

"El storytelling revela el significado sin cometer el error de definirlo".

O sea, ¿cómo explicar algo que solo se explica por sí mismo? ¿Cómo enseñar algo que no tiene un correlato fuera del relato? Las historias no dicen, no explican, muestran. En cuanto empiezas a explicar algo estás eligiendo, precisamente, el camino opuesto al de mostrar a través de una historia.

Tendría que hacer una búsqueda más enfocada. Entonces se me ocurrió mezclar en la licuadora de Google "storytelling" + "business". Y finalmente empezaron a aparecer algunos nombres. Ambos términos aparecían asociados además con la palabra propósito. Al parecer, eran indisolubles en este ámbito. O sea, si querías hablar de storytelling en el mundo de los negocios no podía faltar la noción de propósito (*purposeful stories*). Eso (se nos aclararía más adelante) es lo que hacía a lo que llamamos storytelling en español, una noción diferente, específica, del significado original en inglés, cual sea este. Porque como he dicho, hasta el 2020 no tenía una entrada en los diccionarios en inglés. En ningún diccionario, a pesar de que la palabra se escucha todo el tiempo desde Tyrion Lannister en su monólogo al final de *Games of Thrones* en su última temporada, hasta el personaje principal de *Orange is the New Black* cuando trata de explicar a alguien que el artículo de su marido sobre la vida de ella en la cárcel publicado en el *New York Times* "no es periodismo, es más bien storytelling". Incluso en inglés, el término resulta bastante elusivo. En español, y en este libro, cuando hablamos de storytelling nos referimos a algo aún más específico: contar historias como parte de la construcción de identidad de emprendimientos, negocios y organizaciones. Eso es a lo que Robert McKee llama contar historias con propósito. Así lo usaremos aquí generalmente. Hablamos de storytelling asociado a comunicación de marcas, negocios y organizaciones. Pero para entenderlo mejor, tendremos siempre que recurrir a ejemplos que lo devuelven a sus raíces profundas en la comunicación diaria entre seres humanos, y sobre todo a su origen, la composición, la ficción, la escritura creativa, el teatro, el cine.

El viaje a los orígenes

Por eso, para llegar más lejos en mi indagación sobre qué es storytelling tuve que devolverme a mi entorno natural, los libros. Ahí podía sentarme a reflexionar, anotar, subrayar, y entender mejor todo. El volumen de setecientas páginas de Christopher Booker, *Las siete tramas básicas; por qué contamos historias*, sería solo un punto de partida en el inicio de un viaje que me llevaría primero hasta Joseph Campbell y uno de los libros más leídos e influyentes en la creación de narrativas del siglo XX, *El héroe de las mil caras*.

Debo reconocer que yo no había oído hablar de ningún Campbell hasta entonces que no fuera una sopa enlatada. Alguien que lleva décadas escribiendo y editando historias debería tener conocimiento de todas esas estructuras narrativas. Pero la realidad es que incluso la mayoría de los escritores nos formamos de manera empírica, y a muchos nos ha costado admitir que realmente no hay nada nuevo bajo el sol, que todo eso ha estado ahí siempre, que no inventamos nada, y nada nos hace especiales o diferentes. Nos apropiamos de las herramientas que ya han usado millones para hacer lo nuestro. *Inspiratería* es también un término reciente para definir esta gran habilidad que desarrollamos hoy para apropiarnos de todo sin siquiera pedir permiso.

Ya es historia…

Hay todo un cuerpo de notas y reflexiones de George Lucas sobre la influencia definitiva que tuvieron los libros y seminarios de Joseph Campbell en la creación de *La guerra de las galaxias* y todo lo que vino después, como una reacción en cadena de otros directores y guionistas de Hollywood descifrando el código de este viaje del héroe hasta convertirlo en una referencia obligada para cualquier creador de historias.

Si en el cine hay un antes y un después de *La guerra de las galaxias*, el parteaguas que significó Campbell tiene también antecedentes importantes para quienes queremos llegar tan lejos como se pueda en el sentido profundo de contar historias. A su vez, la psicología analítica de Carl Gustav Jung, y sus postulados sobre los arquetipos, el inconsciente colectivo y el proceso de individuación del ser humano, son el punto de partida de Campbell para muchos, y ciertamente, para quienes quieran dedicarse a entender la mente humana y a transferir ese conocimiento por la vía del relato. Pero…

(Ahí dejamos ese camino por ahora, regresamos, por aquí no era. Por aquí probablemente vamos a llegar a otro punto que quizá nos aleje un poco de donde queremos llegar ahora. Nos regresamos, acompáñame).

De vuelta al futuro

En lugar de seguir remontándonos a los orígenes, en busca de mitos, mitologías y cuentos chinos *("Si no cambias de dirección* —dice el Tao te King— *puedes acabar en el lugar donde empezaste"),* nos devolveremos a ese punto de inflexión que empezó a establecer un estándar en la industria cinematográfica.

Es conocida esta historia: Cristopher Vogler estaba al frente de un equipo de analistas de guiones en Disney. Para facilitarles el trabajo, escribió un documento de siete páginas que hoy cualquiera puede encontrar en Internet, pero entonces fue toda una revelación y una primicia, una suerte de talismán para conjurar el tedio de horas de lectura de malos guiones. El documento empezó a ser usado por muchos analistas de historias para el cine como guía, incluso en otros estudios fuera de Disney. Hasta el punto de que el autor tuvo que reclamar que se le reconociera la autoría del breve manual. Pero el verdadero reconocimiento llegaría después; Vogler había revelado un secreto a voces y lo había hecho accesible a cualquiera, así que decidió escribir todo un libro sobre el tema: *El viaje del escritor; estructuras míticas para guionistas y escritores.*

¿De qué se trataba? El maestro de guionistas decidió explicar y en cierto modo simplificar el viaje del héroe de Campbell y convertirlo así en una herramienta para la creación de historias en el cine y la literatura. Con base en *El héroe de las mil caras*, y decenas de ejemplos de su aplicación por exitosos directores de cine como George Lucas, Steven Spielberg y George Miller, Vogler reconstruye una estructura de fondo, pre-existente pero a la vez dinámica y flexible, que los directores más exitosos estaban usando en la creación de sus historias. Si querías hacer una película de éxito, más valía que cuando menos conocieras este modelo, el viaje del héroe o monomito. Una vez que lo aprendes, y lo analizas de manera consciente, descubres este molde o modelo en la mayoría de los relatos que has escuchado, visto o leído en tu vida. Hasta tu propia historia, la de tu marca, o de tu próximo emprendimiento (al infinito, y más allá).

Tan fácil se hacía, que uno podía incluso imaginar todo el recorrido de cualquier empresa en su camino hacia el éxito, y su consolidación, siguiendo paso a paso este modelo universal desarrollado en doce partes por George Lucas, aunque vale la pena aclarar que la ciencia ficción de *La guerra de las galaxias* simplifica bastante (por no decir banaliza) la versión original de Campbell de diecisiete etapas, que yo entiendo como pulsiones. Pero también el modelo servía para que los líderes de esas empresas compartieran su visión del futuro con toda la pirámide organizacional.

El libro de Vogler es también hoy una referencia obligada, sobre todo para quienes se inician en la escritura cinematográfica. Y es de este gremio de donde salen los primeros intentos de aplicar en los negocios esta experiencia desarrollada originalmente en la industria del entretenimiento. Desde el *Arte Poética* de Aristóteles, hasta *La estructura del cuento* de Vladimir Propp, hay una sabiduría acumulada y una teoría sólida aplicadas a la creación de mitos y relatos. Pero estos referentes hasta hace poco eran herramientas generalmente útiles para la creación artística y los medios de comunicación profesional.

Guionistas de Hollywood y de la televisión estadounidense se convirtieron muy pronto en los nuevos promotores del storytelling aplicado al entorno empresarial. Entre ellos, Robert McKee, maestro de guionistas ganadores del Óscar, fue uno de los primeros expertos en desarrollar un seminario de *storytelling for business*.

Así lo plantea en una entrevista: *"Hay un gran movimiento en el mundo, y uno muy bueno e importante en mi opinión, de ayudar a la gente de negocios a pensar y trabajar en términos de historias, en términos de narrativa, y a mejorar la calidad de su trabajo y la calidad de su comunicación [...] se trata de crear una actitud positiva hacia la marca, y la manera más eficaz de hacer esto es por medio de un relato, y este es uno de los objetivos de mis cursos y talleres de storytelling de negocios. Ser capaces de pensar en historias e imaginar el futuro como una historia permite a los líderes hacer las mejores decisiones y previsiones y crear las mejores estrategias para el futuro. Los ayuda a pensar como un escritor"*.

Yo era un escritor, con suficiente obra publicada, y un editor de considerable experiencia. A esas alturas debía tener por lo menos algún conocimiento respecto a contar historias. Pero, aunque el término en principio me sonara familiar, yo no había escuchado jamás nada sobre storytelling.

Así que, si quería entrarle al asunto, tendría que convertirme en un escritor que se pone en la piel del empresario y el hombre de negocios, para entender realmente cómo funcionaba ese entorno y cuál podía ser ahí el sentido de contar historias.

Conectar los puntos

El proceso inverso, el del empresario pensando como escritor, muy bien podría referirse a Steve Jobs preparando su famoso discurso para una generación de graduados de la universidad de Stanford en 2004.

"Tienes que confiar en que los puntos se conectarán de alguna manera en el futuro. Tienes que confiar en algo, tu instinto, el destino, la vida, el karma, lo que sea. Porque creer que los puntos se unirán, te dará la confianza para seguir a tu corazón".

En realidad, esta cita no solo remite al empresario pensando como escritor; también queda implícita una perspectiva divergente, un cambio de fondo respecto a la cultura empresarial de antaño. (*De ello, también, hablaremos más adelante. Ahora no, tomamos otro atajo, vamos hacia a otro punto*).

El famoso discurso del creador de Apple ha sido estudiado, reseñado y utilizado como ejemplo en los foros más diversos. Y fue uno de los primeros materiales de estudio que usé en mis cursos y talleres de storytelling a partir de 2014. Casi dos décadas después, aún se analiza en salones de clases como el mío y en muchos otros cursos y foros donde se habla de emprendimientos, negocios, marketing, liderazgo e identidad de marca. Por varias razones, y más que justificadas, en este libro le dedicamos todo un capítulo a las famosas tres historias de Steve Jobs. Pero aquí nos detendremos un momento en el primer relato sobre conectar los puntos.

Tras el conejo blanco

Después de varios años de tratar el tema, hasta convertirlo en el centro de mi vida profesional, y a medida que la necesidad de escribir este libro me iba generando una considerable tensión interna, volví una y otra vez sobre esa imagen de la infancia que fija una representación arquetípica de conectar los puntos.

Me veo siguiendo, lápiz en mano, el trazo que marcan los puntos en un dibujo para formar la figura que esconde. Es un segmento fijo en las páginas finales de una revista dirigida a un público infantil. Lo hago cada fin se semana. Toda la sección contiene juegos y enigmas a resolver. Yo la leo completa, pero siempre empiezo de atrás hacia adelante.

Empiezo por conectar los puntos. Sé por anticipado que el dibujo es un conejo, puesto que le han dejado unas enormes orejas. Aunque intuyo el resultado final, mi pulso sigue los puntos para formar la imagen. Y me doy cuenta, y me cuento a mí mismo, que sería aún más interesante si no hubiera ninguna pista. Sería más excitante.

(Es un juego de niños, todos podemos hacerlo. Quizá si no supiéramos de antemano que es un conejo, si no nos dieran una pista tan fácil de reconocer… Ya sabemos que es un conejo, ¿y ahora qué? Pues ahora vamos tras él, nos dice Alicia. Sí, corremos el riesgo de desviarnos, de caernos por un hueco y desaparecer de nuestro mundo y aparecer en otro, pero tenemos que saber a dónde nos lleva todo esto. No se puede quedar así).

Hallar la salida al laberinto, llenar crucigramas, responder acertijos, unir los puntos eran juegos que me encantaban de niño. Esa curiosidad por trazar el recorrido que me ayudará a develar la imagen es la misma que fuerza a la heroína de *Alicia en el país de las maravillas* a perseguir un conejo blanco con un extraño comportamiento. Y es la misma que la hace caer en la cueva del conejo, un laberinto lleno de seres extraños, un inframundo donde descubrirá formas de vida diferentes, un universo paralelo, alternativo a lo que comúnmente llamamos la realidad acá arriba, aquí y ahora.

Es lo mismo que descubriría un físico cuántico observando el comportamiento de los átomos, la misma necesidad de indagar, esa infatigable búsqueda del conocimiento que llevó al legendario comunicador de las ciencias Richard Feynman a obtener el premio Nobel de Física por sus contribuciones a la electrodinámica cuántica. Y de paso a inmortalizar su famosa frase sobre el poder de la curiosidad, esa fuerza vital que lleva a los humanos a querer "descubrir las cosas por uno mismo", e incluso a escribir su libro homónimo *The Pleasure of Finding Things Out*. El mundo de la ficción y la fantasía de Alicia es también un universo paralelo al mundo de las ciencias de Feynman. Universos que se superponen todo el tiempo, conviven y se manifiestan en un espacio único, el de nuestra mente.

Ahora regresamos a nuestro mundo

Conectar los puntos deja de ser un juego de niños el día que descubres que de eso se trataba la vida misma, absolutamente todo. Cernir y discernir la realidad para hallar claves ocultas, entender lo que pasa a nuestro alrededor, a otros, indagar sobre nuestro entorno, transitar del peligro y la seguridad, del miedo y la incertidumbre al amor y el bienestar, de la luz a la oscuridad y vuelta atrás. De eso se trata la vida, y de eso se tratan todas las historias, cual sea el propósito con que las contamos.

Pasa a lo largo de toda nuestra vida y en cada empresa humana. Ahora mi hijo de ocho años hace eso, aprende a navegar el laberinto de la vida del hombre de las cavernas y los peligros que lo acechaban en aquel entorno y aquel entonces jugando un juego de video, *Far Cry Primal*. Cada generación enfrenta sus propios retos con los juegos, las armas, o las herramientas que le da el momento.

En inglés dicen: *"The story is in the telling"*, o sea, la historia está en cómo la cuentas. Yo era un ávido lector. Me había pasado toda una vida leyendo y, sin saberlo, conectando los puntos. Y sí, de algún modo inconsciente yo sabía desde entonces, podía intuir, leer entre líneas que ese sería mi karma, mi destino, mi creencia: descifrar enigmas, decodificar mensajes. Todos los mensajes, de donde vinieran.

Dado el número de personas que se sienten identificados con esas imágenes en el discurso de Steve Jobs, que la reconocen y se reconocen en ellas, la respuesta —de nuevo la intuyo— parece ser un rotundo sí. Conectar los puntos no es otra cosa que hacer nuestro viaje por la vida, completar el recorrido para identificar la imagen, que cobre sentido y se complete ante nuestros ojos. Al principio, sabemos que hay algo ahí, pero está en nosotros develarlo, convertirlo en la realidad representada por una imagen. Entonces le ponemos nombre a esa imagen. Se llamará conejo, o Steve Jobs, o el discurso de Steve Jobs.

Contar historias para entender, para hacer lo desconocido conocido, para transmitir mensajes, ha sido parte de nuestra evolución como especie. A un alumno, en el curso avanzado sobre el viaje del héroe, le oí citar esta historia, acaso solo un impulso aún, pulsión, pensamiento: el homínido que por medio de gestos, muecas y maromas le hizo saber a su congénere que "si te comes esta frutilla roja te mueres", estaba muy lejos aún de saber que con ello iniciaba todo un género del teatro: la tragedia, y una de las tramas básicas de acuerdo con Booker. A su vez, el poeta, el chamán o el loco de la tribu que asoció la frutilla roja con los labios de la adolescente más cautivadora, bella pero letal, para alertar a su tribu sobre el peligro de caer en la tentación, no tenía idea de que estaba creando una metáfora.

Hoy los expertos en contar historias han asimilado ya de manera natural esa metáfora que, como tal, contiene y expresa la pregnancia y la prestancia del arquetipo y el mito (el fruto prohibido) destinado a encarnar en el prototipo, de Afrodita, Lolita, los exóticos personajes de la manga japonesa, hasta llegar al estereotipo, de Hollywood hasta Pornhub, hasta aterrizar en el ideario popular ya asociado a una idea que contiene en sí misma la tensión entre el ser animal que somos y que responde a sus instintos, y el ser social que responde a los dictados de su pertenencia a un entorno, un clan, un grupo, la sociedad, y su tiempo.

Asimismo, en la segunda década de este siglo, el arte de contar historias se abriría paso en un ámbito en el que había estado relegado por una prima lejana: la publicidad. Las grandes empresas y organizaciones se vieron en la necesidad de empezar a pensar como poetas, como escritores, como contadores de historias.

La célebre frase del premio Nobel colombiano Gabriel García Márquez, "Escribo para que me quieran más mis amigos", expone precisamente la razón que tienen hoy las marcas, empresas y negocios para hacer lo mismo.

La publicidad se reinventa con el storytelling

Apple, Google, Red Bull, Coca-Cola o P&G entendieron rápidamente el cambio de paradigma: Internet y las redes sociales eran el nuevo medio universal de comunicación, un vasto territorio por explorar y conquistar. Y empezaron a contratar los servicios de expertos contadores de historias como Robert McKee o Andy Goodman, el creador de la reconocida serie de comedia *The Nanny*.

Familiarizarme con el accionar publicitario de esas organizaciones —además de quienes me precedieron en un ámbito intelectual de otro nivel— me ayudó a entender la necesidad creada: el vacío que dejaba este cambio de la comunicación invasiva característica de la publicidad tradicional a la comunicación vía relatos, mucho más inmersiva, afincada no ya en llegar a la mente del usuario, sino en hacer todo el trayecto hasta su corazón para crear esta relación afectiva y de largo plazo con las audiencias a través de las historias, y a su vez poner estas en el centro de la creación de contenidos.

Nunca antes tuvo tanto sentido para mí la frase atribuida a Bill Gates de que "el contenido es rey", o "el contenido manda". Cuando hablamos de posicionamiento de marca, identidad, "engagement", fidelización del usuario, y tantos términos vinculados al marketing digital y las narrativas de marca estamos hablando de relatos. O de *stories*, como se está haciendo cada vez más común también llamarle prácticamente a cada partícula de contenido que generamos en las redes sociales.

Incluso aquellas unidades de contenido que no cumplen mínimamente con contar una historia. Desde la imagen de la chica que se exhibe golosa en Tik Tok para llamar la atención sobre sí misma, con el propósito que sea, hasta la que sale en una manifestación exigiendo no ser tratada como un objeto sexual, están publicitando, conscientes o no, quienes son, qué tienen para ofrecer y cómo quieren que el mundo las vea.

Algo que pude constatar muy pronto, cuando empezamos a impartir cursos de convocatoria abierta al público en general, fue que la necesidad de contar historias para conectar con su audiencia no era privativa de las empresas y negocios. Había un público mucho más diverso de lo que pude imaginar.

Los primeros en inscribirse fueron consultores de todo tipo, coaches de vida con formación en programación neurolingüística, en neuromarketing y todo lo que tuviera delante la construcción *neuro*, el prefijo de moda en la segunda década del siglo XXI. También expertos y emprendedores de todo tipo que se preparaban para dar una plática TED o hacer una presentación de sus proyectos, o miembros de ONGs que necesitaban explicar mejor su razón de ser y atraer a más donantes a su causa.

Pero el descubrimiento más relevante, y podría decir también el más insólito, ha sido entender que tantas personas formadas en la carrera de comunicación, por lo menos en México, tan enfocados a la mercadotecnia tradicional, tienen a la vez escaso o nulo entrenamiento en lo más básico: contar historias. Son profesionales que ocupan la mayoría de los puestos en áreas de comunicación, marketing y recursos humanos en empresas, negocios, agencias de publicidad y, peor, en los mismos medios de comunicación y no pueden explicar la diferencia esencial entre informar y comunicar, entre decir y mostrar, entre hacer creer y hacer ver.

Esto ha creado ese gran vacío, una necesidad que ha venido a llenar la nueva noción del storytelling en el mundo de los negocios. He escuchado ya en demasiadas ocasiones a ambas partes: las empresas se quejan de los publicistas porque hablan todo el tiempo de historias, pero no saben contarlas, y los mercadólogos, que les exigen a los publicistas que cuenten historias, pero no saben ellos mismos qué indicaciones darles para que su publicidad no sea lo mismo de siempre, para que dejen de decir en lugar de mostrar, de informar en lugar de comunicar y sus *avisos* se conviertan en *mensajes* que lleguen a la mente y el corazón de la audiencia.

Quizá fue una tendencia equivocada en décadas pasadas apoyar esa noción de que la publicidad y la comunicación en general podía e incluso debía desligarse del estudio de las ideas, la filosofía y la filología y enfocarse en lo suyo: generar clientes y usuarios.

Va a tomar años corregir ese error y quizá el estudio del storytelling contribuya de manera positiva. Pero lo que es un hecho en la actualidad es que muchas personas como yo tienen la posibilidad de redirigir su carrera profesional adecuando las herramientas del periodismo, la comunicación e incluso la literatura a los intereses y necesidades de las nuevas audiencias surgidas en la era digital y empezar a llenar ese vacío.

Mis propios cursos y talleres me han permitido visualizar en decenas de historias y presentaciones de todo tipo cómo el relato, este recurso natural de la comunicación humana, cobra un nuevo significado y se revaloriza con la noción de la marca persona desde que abrimos una página en Facebook o cualquier red social para conectarnos con el mundo y compartir o promover nuestras ideas.

Estemos más o menos conscientes de ello, todo el tiempo creamos contenido, y ese contenido necesita una estructura. Las ondas expansivas del tsunami del storytelling, basado en la consolidación de los medios sociales y su capacidad para generar una audiencia y una conversación global, y de expandir el alcance de cualquier marca, empresa u organización de manera nunca antes vista, avanzaba en todas direcciones.

Por tanto, era más que entendible que fueran las empresas,

grandes y pequeñas, las organizaciones y hasta las agencias de publicidad, quienes estaban más que interesadas en el storytelling, en aprender ellas mismas a comunicarse con su público, en entender primero cómo se contaba una historia e integrarla después en una estrategia de contenidos y en una narrativa de marca.

Ya no es suficiente recurrir a los medios tradicionales, y no solo porque su público objetivo, usuarios y consumidores recurran cada vez menos a esos medios, y consuman cada vez menos información a través de diarios, publicaciones periódicas, radio y televisión, sino porque los mismos medios no sabían siquiera a qué nos referíamos cuando hablamos de storytelling.

Hasta hoy, incluso la mayoría de los periodistas que se forman en México y quizá en todo el mundo no tienen la experiencia o el entrenamiento para contar historias, no se formaron en ello. El mismo sistema que los creó, y los vicios del periodismo escrito y la pirámide invertida, y de los medios de comunicación en general, cuyo verdadero sentido se ha distorsionado por entero, han terminado por atrofiar profesionalmente lo que debió ser, y de hecho es, una habilidad natural del ser humano.

No estoy en venta(s)

Después de un vacilante primer intento con un grupo de vendedores de planes vacacionales, con resultados que dejaron bastante que desear, el primer curso de storytelling de convocatoria abierta que impartí a mediados de 2014 tuvo un público pequeño y una mejor acogida. Después de casi una década de enfrentar públicos diferentes, terminé por descubrir que el más reacio de todos los grupos a asimilar y tratar de apropiarse del storytelling son los vendedores jóvenes o por lo menos los que necesitan entrenamiento; por el contrario, los que tienen experiencia probada y éxito en las ventas, generalmente han incorporado las historias de manera orgánica a su arsenal.

La relación de trabajo con el grupo de vendedores de planes vacacionales de los hoteles Hard Rock se extendió más allá de un curso. Llegué a conocer a alguno de los cerradores estrella (*top closers*) de la empresa. Me llevaron con ellos a hacerles sombra, una táctica del aprendizaje en ventas que se basa precisamente en mostrar en lugar de decir, y a entender cómo se construyen una marca persona, un personaje, una identidad para generar una conversación con el comprador potencial y cómo, delante de mis ojos, le sacaban prácticamente del bolsillo la tarjeta de crédito y convertían a un vacacionista ocasional en el feliz poseedor de un flamante tiempo compartido.

Aunque quizá me ha faltado siempre la actitud, creo que aprendí mucho más de ellos en esos tres meses en que colaboré con las huestes de mi amigo, que lo que ellos aprendieron de mí. Y eso, por supuesto, es una de las virtudes y beneficios últimos del (enseñar) storytelling, el aprendizaje compartido, cada empresa o grupo con el que he trabajado me ha dejado increíbles historias que compartir y de las que aprender, sin importar el ámbito en el que desarrollen su trabajo.

Para mí, ese aprendizaje fue excitante desde el primer día, tratar de hacerme entender era la preocupación fundamental que me forzaba a ocuparme. Me faltaban demasiadas piezas en el rompecabezas, palabras en el texto y puntos por conectar que me permitieran hacer más visible y asimilable para mi público (y por lo tanto también para mí) lo que trataba de explicar.

Precisamente debía ocurrir lo contrario, no explicar, sino

mostrar, como haría el poeta Virgilio, cicerone del Infierno: si quieres saber de qué se trata, vamos, te acompaño, no lo vas a creer o entender con que yo te lo explique.

Podía prever la imagen que se formaba en mi mente, la meta. Pero estaba muy lejos aún de integrar todo en una herramienta que mi audiencia pudiera llevarse a casa para construir sus historias. Aunque una buena parte de los asistentes agradecía el curso, les estaba vendiendo espejitos por oro, un espejismo: contar historias es fácil, cualquiera puede hacerlo. Sentía, y no he dejado de sentir desde entonces, que no podía descansar con la sensación del deber cumplido.

En realidad, todos los días a toda hora contamos historias. Pero una cosa es hacerlo de manera natural, y otra cuando de lo que se trata es de construir mensajes específicos, de forma consciente y enfocada a un propósito. Y mucho más si ese propósito va más allá de contar una historia, y exige la creación de toda una narrativa organizacional, de marca, forjar una identidad a partir de una entidad. Una vez que nos decidimos a transitar ese camino, de la mano de alguien o no, empiezan a surgir preguntas cada vez más complejas y difíciles de contestar. Pasa en la vida, pasa en las historias: cada nueva respuesta que encontramos nos deja en medio del camino porque invariablemente nos lleva a otra pregunta, otra historia.

Compartir respuestas por lo menos a las preguntas esenciales, las que todos me hacen, es el objetivo de este libro, ponernos en el camino. Es el primero de una serie sobre contar historias con propósito y a propósito, sobre cómo descubrir, descifrar e integrar en una estrategia de contenidos los relatos que nos identifican como marca, incluida la marca persona, los cuentos que dan cuenta de quiénes somos, qué ofrecemos y por qué importa. En fin, nuestra razón de ser.

II. Narrativas de marca

Primero lo primero, tu razón de ser

 *Reunion* es una emotiva historia de cómo dos amigos de la infancia, separados al momento de la división de la India y Pakistán, se reencuentran muchos años después usando la herramienta de búsqueda de Google. Lanzado en 2012, el video social creado por Ogilvy para Google India se volvió viral en cuestión de días. Millones de vistas y los cientos de comentarios y reseñas positivas dan buena cuenta de la recepción del mensaje. Mucho más relevante si pensamos en dos naciones que tienen ojivas nucleares apuntando una hacia la otra, y una ya larga historia de hostilidad y desconfianza mutuas.

El propósito de Google es destacar el valor de su herramienta de búsqueda y su relevancia en nuestra vida diaria. Pero la historia iba mucho más allá de promover un producto o servicio al estilo tradicional: hacía a la audiencia identificarse con un relato sobre la amistad, el perdón y el reencuentro.

Hay otro mensaje oculto, y mucho más esencial, relevante, en esta historia: Google nos conecta. Puede incluso cambiar nuestras vidas. En *Reunion* hay una decena de búsquedas a lo largo del desarrollo del relato que responden a diferentes necesidades de sus protagonistas. Pero la historia en apariencia nunca se centra en mostrar la herramienta, sino en compartir la experiencia de usuario a través de una narración emotiva. Pone en contexto de manera orgánica cómo funciona Google y para qué sirve. Además de un mensaje claro y prefijado, para el cual se crea y se cuenta la historia, es evidente que la marca logra generar empatía y cercanía emocional hacia sus productos y servicios. En lugar de decir o explicar, *Reunion* muestra cómo y para qué sirven las búsquedas de Google. El servicio estandarte de la organización se despliega para su público objetivo de una forma diferente, no declara su valor, no explica, no informa; muestra con hechos, comunica su mensaje por medio de un relato de tres minutos con profundas connotaciones humanas.

Es importante hacer énfasis en este hecho: en el desarrollo de una narrativa de marca storytelling implica contar historias que nos conecten con el usuario a nivel humano, no forzando la presencia de nuestros productos y servicios de manera invasiva y reiterativa, al estilo de la publicidad tradicional, sino con el encanto y la sutileza de transmitir emociones positivas, compartir la alegría del éxito en el cumplimiento de una misión y los finales felices. Adicionalmente, hay un propósito de fondo: que la gente comparta también tu historia. Si una historia me emociona, la comparto. Así, apenas sin darnos cuenta, nos convertimos en mensajeros y aliados de una marca o emprendimiento, distribuimos de buena gana sus mensajes, nos identificamos con sus valores. A menudo sin siquiera ser consumidores de lo que ofrece su marca.

Y si la historia es real, mejor aún

Reunion, la historia ficcional creada por la agencia Ogilvy para Google, fue un éxito del marketing emocional tanto para la marca como para su cliente. Pero la realidad siempre supera a la ficción. Ese mismo año saldría a la luz una dramática historia de la vida real, también basada en la India, que superaría con creces el éxito del marketing emocional de Google Search.

El libro *A Long Way Home* relataba cómo un joven había logrado reunirse con su familia después de veinte años, en un viaje que lo llevaría desde Australia hasta la India usando Google Maps. A los cinco años, mientras acompañaba a su hermano mayor pidiendo limosna y buscándose la vida en los trenes cerca de su casa en el pueblo de Khandwa, en la India, Saroo se perdió en una estación y fue a dar a Calcuta, muy lejos de su hogar. Goddu, el hermano mayor que lo acompañaba murió ese mismo día aplastado por un tren, quizá en la desesperada búsqueda del pequeño desaparecido. Pero Saroo nunca supo de esta tragedia. Vivió en las calles de Calcuta, en la indigencia, hasta que fue adoptado por una familia australiana e inició una nueva vida en Hobart, Tasmania. Allí, en el refugio de una nueva vida, el amor y el bienestar, olvidó incluso su lengua natal, el hindi, y creció hablando inglés. Pero nunca olvidó a su madre y hermanos (el padre los había abandonado, dejando a la familia en la pobreza). Ya adulto, Saroo iniciaría una búsqueda de meses y años usando Google Maps para analizar cada tramo de las líneas férreas que cruzaban la estación de trenes de Burjanpur donde se había perdido. Además de los mapas e imágenes de satélite de Google, todo lo que tenía eran memorias vagas de su vida antes de los cinco años. Parecía una tarea imposible. Hasta que, en 2011, encontró una pequeña estación de ferrocarril que evocaba una imagen plantada en su memoria. Siguió las fotos satelitales de la línea de ferrocarril hacia el norte y encontró la ciudad de Khandwa. No tenía ningún recuerdo de ese nombre, pero había detalles reconocibles, como una fuente cerca de las vías del tren donde solía jugar. Así pudo trazar un camino por las calles a lo que parecía ser el lugar donde aún podía vivir su familia. Finalmente, se puso en contacto con un grupo de Facebook con sede en Khandwa y terminó por convencerse de que aquella podía ser su ciudad natal. En 2012, viajó a Khandwa y preguntó a los residentes si sabían de una familia que había perdido a su hijo hacía 25 años. Para que lo recordaran como era, les mostraba las fotografías de su infancia en Tasmania. La gente local pronto lo llevó hasta su madre. Más tarde se reencontraría con sus otros dos hermanos, y se enteraría también de la muerte de su hermano, Goddu.

Pero si para Saroo este era literalmente el final de su viaje, *end of the line*, y un regreso triunfal para ser acogido como héroe, para Google la aventura solo comenzaba. El material que esta historia le proporciona era copioso e invaluable. Acompañado por el escritor Larry Buttrose, Saroo publicó el relato autobiográfico de sus experiencias en 2013 en Australia y el libro se convirtió en un éxito instantáneo que se replicaría con su lanzamiento internacional en 2014. Dos años después la historia sería llevada al cine y se convertiría en un éxito mundial. Protagonizada por Dev Patel como Saroo y Nicole Kidman como su madre adoptiva, Sue Brierley, *Lion* recibiría siete nominaciones a los premios Oscar.

De un relato inspirador, pero ficticio, en *Reunion*, con Google Search, a una dramática reunión familiar en la vida real, con Google Maps, todo lo que ha tenido que hacer Google es desplegar la historia en todas sus formas y plataformas.

El resto lo ha hecho la audiencia, sus usuarios, y una narrativa donde la voluntad humana y el amor son una vez más legitimados como esa fuerza tenaz que construye el mapa de nuestro mundo, la vuelta al hogar, a los seres queridos, a lo esencial, a todo aquello que se esconde latente dentro del ser humano, pero que nunca dejó de estar ahí, esperando realizarse.

Nos atreveríamos a decir que todas las historias que vale la pena contar tienen que ver con la necesidad de conexión, algo que nos distingue como especie. Piensa en cualquier relato o cuento que hayas escuchado y te darás cuenta, al momento, de que conectar seres humanos, relacionar, es siempre el tema de fondo, la razón de ser misma del relato. De hecho, la palabra *relación* viene de relatar, como religión surge de *religare*, volver a ligar, conectar. Pero, para Google específicamente, el tema es central en su propuesta de valor, su razón de ser como marca o negocio.

En este libro prefiero usar *razón de ser* en lugar de *propuesta de valor*, que es un término común en un ámbito muy específico relacionado con los negocios. Por razones en apariencia obvias; lo primero se siente como algo que todos entendemos, y con lo cual nos identificamos; lo segundo es un término específico del mundo de los negocios. Y un énfasis que siempre hacemos en storytelling es: usa las palabras que usarías en una conversación de sobremesa, entre amigos. ¿Por qué?, precisamente porque esas palabras conectan más, facilitan el vínculo y la relación, hacen que nos sintamos en casa. También la palabra hogar viene de hoguera, y la imagen primordial de seres humanos alrededor del fuego nos remonta a los orígenes de la especie humana reunidos para disfrutar del resultado de la cacería, relatarlo y compartirlo. Eso hemos hecho desde entonces, hasta hoy, y aunque no lo sepamos, ese patrón arquetípico es el que dispara las mismas emociones cuando nos conectamos con un relato como *Reunion.*

Y el propósito de fondo también es el mismo

(La importancia de hablar a la audiencia a nivel humano, coloquial, es algo que exploraremos más adelante desde diferentes perspectivas y matices, desviaciones necesarias en el camino para apropiarnos de otras herramientas. Pero ahora, como anotación última, queremos apuntalar de nuevo la tienda, nuestro refugio, la idea central de que storytelling es contar historias con propósito).

¿Por qué cuando hablamos de este tema en nuestra lengua (el español) usamos *storytelling* (en inglés) y no simple y sencillamente hablamos de contar cuentos o narrar historias? Porque el significado del término y las ideas que se asocian hoy con el concepto no son en esencia lo mismo, aunque podrían contener la idea de la narración y el relato. Esencial en este libro es que mostremos primero y expliquemos después de qué hablamos cuando hablamos de storytelling y por qué es conveniente y hasta necesario deslindarnos de los términos de uso en el arte y el entretenimiento. Aunque un guion de cine o una novela, o la crónica y el artículo periodístico, son formas de contar historias, también lo son las composiciones musicales, un ballet o un texto de divulgación científica. En todos se establece una relación entre un acontecimiento, un descubrimiento, un relato real o ficticio y una audiencia a quien se informa y se transmite la experiencia.

(Por cierto, ¿te has puesto a pensar qué significa el verbo informar? Suena como a formar dentro, ¿no?, ¿in-form? A la diferencia entre informar, comunicar y storytelling tendremos que dedicarle toda una conversación aparte; un alto en el camino, un descanso junto al fuego, y nos in-formaremos más sobre el asunto).

Contar historias es compartir experiencias y ha sido desde siempre la forma más natural de comunicación entre seres humanos. Además, es una poderosa herramienta para transmitir mensajes que inspiren, motiven, enseñen, convenzan o simplemente comuniquen ideas. Pero lo que hoy reconocemos como storytelling en nuestra lengua es algo más que eso: se trata de la creación de historias con mensajes claros y propósitos definidos, alineadas con una estrategia de comunicación de la marca o negocio. La democratización de los medios de comunicación consolida en el siglo XXI el acceso a recursos informáticos, lo que permite a cualquier usuario participar activamente de una conversación global. Esto fuerza como nunca a organizaciones e individuos a construir mensajes para mantener e incluso liderar esa conversación, dar coherencia y relevancia a su contenido, y extender el alcance y la penetración de la marca. Y, de algún modo, mantener esa conversación en línea con los mensajes que queremos compartir, y con los que elegimos se identifique nuestro público objetivo. Estos mensajes, con la envoltura de historias, construyen una narrativa de tu marca u organización que resuena con tu audiencia y genera una relación positiva y de largo plazo. Esa conversación invita a consumidores y usuarios, socios, colaboradores y clientes internos a convertirse en aliados, seguidores y promotores de tus productos y servicios.

Cuando contamos historias en el ámbito artístico literario, para el cine o el teatro, o incluso en una conversación de sobremesa, nos centramos en narrar una serie de hechos sin importar su relevancia en términos de llevarnos a un mensaje final sencillo, claro y prefijado. Pero en el mundo de negocios y la empresa, storytelling se asocia con relatar una experiencia, no para hablar de nosotros o hacer conversación, sino para transmitir un mensaje muy específico, diseñado para inspirar, convencer y proponer de manera sutil un llamado a la acción al usuario. Aunque esa acción a veces solo sea compartir la historia misma.

"El marketing se trata de valores", nos recuerda Steve Jobs. "Vivimos en un mundo complicado y ruidoso, y no vamos a tener la oportunidad de hacer que la gente recuerde mucho de nosotros. Ninguna empresa puede. Así que tenemos que ser muy claros sobre lo que queremos que sepan sobre nosotros". A eso vale la pena que añadir el comentario de Nathalie Picquot, directora general de Twitter España y Portugal, que tengo subrayado entre mis notas hace un par de años: "En el entorno actual, donde el usuario es quien controla todo y puede decidir soltarte si así lo quiere, es necesario volver al secreto del buen storytelling". Entonces, storytelling es también contar historias enfocadas a generar empatía, motivar y provocar reacciones positivas hacia lo que hacemos y ofrecemos, nuestros productos o servicios, una causa, y hasta una idea que refleja mejor nuestra razón de ser.

En el mundo de hoy es cada vez más importante contar historias con el objeto de humanizarnos, hacernos relevantes para nuestro público y que nos vean ante todo como seres humanos. El storytelling es, pues, la base de lo que hoy se reconoce como marketing emocional, marketing de contenidos o periodismo de marca, y se usa cada vez más en la comunicación interna y externa de organizaciones y empresas. Para concluir y resumir, Storytelling es contar historias con propósito y a propósito, como una práctica consciente, coherente y consolidada para motivar e inspirar con una propuesta, un mensaje, un resultado. Creamos una narrativa de marca a partir de contar historias integradas en una estrategia de contenidos. Crear una narrativa vibrante y emotiva sobre quiénes somos y qué ofrecemos es hoy la mejor manera de presentarnos al mundo. Ese universo de historias con propósito, y los mensajes que contienen, conforma la narrativa de tu marca.

Tres historias de tu vida

"Vine aquí hoy a contarles tres historias de mi vida, solo eso, tres historias". En el año 2004, Steve Jobs, el fundador de Apple, Pixar, y otros emprendimientos tecnológicos que revolucionaron el mundo de la comunicación y el entretenimiento, fue invitado a ofrecer un discurso motivacional para la generación de graduados de Stanford. La paradoja es que el distinguido invitado en cierto sentido representaba lo opuesto al público al que pretendía dirigirse. "Esto es lo más cerca que he estado de una graduación en toda mi vida", declara al principio con un dejo de burla. Era público y notorio a esas alturas que en su momento Steve Jobs había abandonado los estudios universitarios; como líder, encarnaba además al mitificado emprendedor que se aburre en un salón de clases. Se había formado en la calle como resultado de un deambular sin orientación o meta alguna, el arquetipo de alguien que no tiene idea de qué hacer con su vida. Hasta que, según su propio discurso, la vida misma se lo pone delante y descubre su Llamado. De acuerdo con su relato, tomar un curso de caligrafía fue el punto de partida de una serie de eventos afortunados y descubrimientos que lo llevarían a crear Apple. Así también conocería a Steve Wozniak, su compañero de equipo. La pareja conforma el dúo dinámico del científico loco y el joven con visión de negocios trabajando a escondidas y a marchas forzadas en su garaje, preparando las armas para conquistar el mundo, otro arquetipo establecido. Uno sabía de tecnología, el otro era más diestro en imaginar cómo sería todo a partir de que su proyecto saliera a la luz y, sobre todo, en convencer a los demás del valor que aportaba.

(No hay que dudar aquí quién es el líder entre estos dos: el que comunica. El que cuenta la historia es quien más cuenta. De eso también hablaremos más adelante, de storytelling y liderazgo, y de marcas y organizaciones que saben contar su historia y por eso son líderes).

Las mejores historias, ya sabemos, no las crean las grandes empresas, sino aquellas que aprenden a contarlas. Y es casi una norma que las grandes empresas que lideran el mundo hoy, como es el caso de Apple, han sido fundadas por grandes comunicadores. Después de un año, Jobs había abandonado su carrera en el Instituto Reeds, una casa de estudios "tan cara como Stanford", para iniciar una búsqueda personal en principio sin motivación específica alguna, pero que lo llevaría finalmente a crear sus grandes empresas. Y cuando llegó a Stanford ese día, después de un periplo de triunfos y caídas, estaba otra vez en la cima de su carrera y quería contar cómo había sucedido todo aquello y las enseñanzas que le había dejado.

Lo singular de este discurso es su simpleza; nada de grandes fórmulas para el éxito. Una narrativa personal con base en tres relatos, contados desde la perspectiva de alguien que ya ha recorrido su propio camino y viene a compartir la experiencia con quienes se inician en él. A esta audiencia en específico le van a servir estas historias y el mensaje final. Se trata de una generación de graduados a punto de insertarse en el mercado laboral, o de iniciar su propio emprendimiento, así que mejor les comparto algo que es importante que sepan. Y la manera no puede ser otra que compartiendo la historia que ilustra cómo el niño huérfano al inicio del relato se convirtió en Steve Jobs, el gran empresario.

El discurso trascendería al público al que se dirigía en esa oportunidad y una década después sigue dando de qué hablar. Al parecer, los mensajes contenidos en sus tres historias tienen un valor universal sigue hablándonos a todos, conversando con nuevas audiencias, tocando fibras sensibles y despertando a muchos sobre el sentido profundo de ciertos aspectos de su propia vida, incluida la importancia de contar historias.

"Mi primera historia es sobre conectar los puntos", dice Jobs; la segunda es sobre el amor; la tercera sobre la muerte. Resulta que, en apariencia, ninguno de los tres relatos tendría que ver directamente con Apple o Pixar. Jobs tampoco habla ahí con el lenguaje exaltado de un empresario arengando a las huestes de profesionales a conquistar la cima del éxito, ni ofrece soluciones definitivas para el alcance de nuestras metas, o por lo menos ninguna del tipo que hallamos en los libros de superación y el sinfín de cursos de mercadotecnia y cómo tener éxito en los negocios. De nuevo, Jobs hace exactamente lo contrario de lo que se esperaría: no sigue las reglas. Es una característica de un verdadero emprendedor; no hay fórmulas, *caminante, no hay caminos, se hace camino al andar.* La conclusión de la primera historia es: un día vas a encontrar realmente lo que te apasiona, para lo que eres bueno, tu verdadero Llamado.

(Solo le faltó decir: el camino del emprendedor no pasa por la universidad. Puede leerse entre líneas, sin embargo. Hoy más de un líder coincide con esa postura, y en afirmar que la educación del siglo XX ya no sirve en estos tiempos, pero eso está aún por demostrarse y nos desvía del tema central del capítulo: las historias y el liderazgo).

Hasta después de muertos somos útiles

Esa frase la traigo desde mi infancia cubana; la aprendí en la escuela primaria. No necesariamente para bien; la asocio con el patrioterismo y la ideologización de la dictadura cubana que padecimos por generaciones hasta hoy. Pero incluso los clichés del totalitarismo tienen una base en el mundo real. Captado en video, y subido a YouTube en 2008 por la propia universidad de Stanford, como una reliquia, el famoso discurso de Steve Jobs ha sido traducido a decenas de lenguas. Hasta 2020, solo en inglés había acumulado 36 millones de vistas y es material de estudio en institutos, empresas y foros de liderazgo y comunicación. Así hasta el día de hoy, una década después de su muerte, Steve Jobs sigue siendo un gran mensajero de la marca y la organización que creó y llevó al éxito, y sus tres historias se integran de manera orgánica e indisoluble a la identidad de Apple y Pixar y su razón de ser, instrumentales hoy en la comunicación, tanto en el ámbito de los negocios como en el entretenimiento.

Quiero hacer énfasis en esto. A pesar de ser un material atípico, a contracorriente de todos esos manuales de cómo hacer negocios y mejorar ventas, los mensajes de Steve Jobs siguen siendo objeto de estudio en el ámbito empresarial. Aunque más bien estas historias lanzan sus dardos contra ser empleado de nadie, cuestionan las ideas corporativas tradicionales, e incluso la academia y, sobre todo, sugieren que todo eso de trazarse objetivos concretos, saber a dónde quieres llegar, y esas guías de cómo ser exitoso y hacerte rico, no le van a servir de mucho a nadie. Parece funcionar a la inversa, primero hazte rico *(lo que signifique para ti la riqueza)*, y luego vienes y me lo cuentas; a ver si aprendo algo de ello y me sirves de ejemplo. su emprendimiento o la narrativa de su marca.

Pero hay otros mensajes relacionados que sí queremos compartir aquí. La muerte de Steve Jobs en 2011 otorgó un valor renovado a su ya entonces famoso discurso, convirtiéndolo en ese cadáver exquisito del que seguimos extrayendo valor (o añadiéndole) dos décadas después. Y el primer beneficiario de este legado ha sido Apple mismo, y las demás empresas que creó Steve Jobs. A medida que el personaje empieza a ser leyenda, hasta entrar en el ideario popular (y banalizarse: del prototipo al estereotipo), todo aquello que dijo públicamente se convierte en material de estudio. Pero este discurso en específico ha conectado a cientos de millones de personas con Apple a través de la imagen de su fundador y de los mensajes en sus historias; porque están más enfocados en el sentido profundo de la búsqueda de la felicidad y en valorar la vida que en el éxito en los negocios. Pero también porque al relacionar a Apple con su fundador y hacerlos inseparables más allá de su muerte, humanizan a la marca, le dan un rostro visible y amable, con un sentido del humor y un optimismo respecto a la vida humana que hacen todo lo que esta creó, más amable.

La tercera historia, sobre cómo venció el cáncer, te hace vibrar mucho más cuando sabes lo que él no podía saber entonces, que el cáncer terminaría venciéndolo finalmente siete años después. Y que, además, esos siete años serían la cúspide de la creatividad de Apple con el nacimiento del iPod, el iPhone, el iPad y tantas innovaciones que marcarían un antes y un después; un parteaguas en la manera en que nos comunicamos.

Aunque murió relativamente joven, Steve Jobs vio cumplirse sus sueños en vida y dejó un legado importante que sigue creciendo en la memoria de la gente. Y ese, aunque no lo sepamos, es otro gran motivo por el cual contamos historias y para qué lo hacemos: dejar nuestro legado en la memoria de alguien, aunque solo sean a veces nuestros seres queridos.

Su presentación del iPhone en 2007 compite hasta hoy en vistas en YouTube con su famoso discurso. La energía, el orgullo casi pueril y la pasión por su nueva creación, a pesar de estar ya definitivamente enfermo, muestran al verdadero empresario como el niño que sigue descubriendo cosas y sale corriendo a contarlo para que todos se enteren. Y la forma magistral como lo hacía nos muestra al consumado *storyteller* que sabía cómo mantener a su público pidiendo más hasta el final del relato; manteniendo en suspenso a la audiencia, creando una intriga tras otra para terminar con un desenlace, un resultado y un final feliz e igual de intrigante, lleno de expectativas por su nuevo producto, el *smart phone*.

Aquí, el llamado a la acción y la reacción al llamado ya son historia. Hasta el día de hoy, Apple o Pixar han redefinido el rumbo de su industria y siguen liderando en su ámbito. Lo que no han podido cambiar es, precisamente, la manera en que contamos esas historias. En ese sentido, también el discurso de Steve Jobs es objeto de estudio, por su storytelling, la manera en que se cuenta la historia.

Tres historias, contenido y continente

El video de Steve Jobs en Stanford fue básico en mis cursos y talleres de strorytelling, desde el primero que impartí para la empresa CEMEX en mayo de 2014. Desde entonces y hasta el día de hoy he puesto a mis estudiantes a analizar los tres relatos. No solo por su contenido, también por el continente, la forma. Le dedicaremos todo un capítulo de este libro a la estructura del relato, cómo se cuenta una historia y cómo se integra el arco dramático de una narración, así que no lo vamos a explicar aquí. Pero sí queremos aclarar cuál es el valor intrínseco de lo que nos cuenta Steve Jobs en términos de storytelling, para cualquier audiencia, ya sea quien lidera una empresa o la ama de casa, el emprendimiento más antiguo y arduo de la historia humana. ¿A qué nos referimos con continente? A la armazón del relato, la manera en que se incorporan y se integran las partes, cada vez y con cada nueva historia que contamos. Igual que se ensamblan los microtúbulos en las células para transmitir información a nivel cuántico según la teoría más avanzada y controversial sobre la conciencia en la actualidad.

Sin importar el contenido o el mensaje que queremos llevar, lo primero es crear una estructura, un andamiaje que permita codificar y dosificar la información para transmitirla a otros. Es el principio básico con el que se forma la vida y se transmite y replica vía ADN-ARN; cómo se conforma la secuencia de la vida misma. Esa estructura es la armazón de toda historia y puede explicarse de menor a mayor: desde los clásicos tres actos hasta el periplo del héroe conformado por muchas más partes, según quien lo use, y la integración de varias historias cuando contamos relatos épicos, y hasta incorporados en series de muchas temporadas al estilo de *Game of Thrones.*

En el discurso de Steve Jobs como objeto de estudio, por tanto, he encontrado una herramienta invaluable para mostrar el valor mismo de contar historias, para explicar cómo se hace y, finalmente, para entender la importancia de una figura central que le dé un rostro humano a la marca, un héroe, un protagonista o simplemente un ser humano. He usado las tres historias del discurso de Steve Jobs para poner ejercicios a mis estudiantes, no solo sobre la historia en sí, sino sobre la integración de las tres historias en un capítulo para crear un arco de vida y prefigurar el mito fundacional de una marca. Pero hay más. Es usual que los líderes tengan a alguien que escriba sus discursos, y Steve Jobs no era la excepción. En su biografía se cuenta que el fundador de Apple, diestro en hacer presentaciones de sus productos, se sintió intimidado por la tarea de presentarse ante la academia y recurrió al guionista Aaron Sorkin para que lo escribiera. Sorkin accedió, pero no cumplió su tarea a tiempo y Jobs terminó escribiendo él mismo el discurso y discutiéndolo solo con su esposa.

Muchas figuras públicas, sobre todo los políticos, siempre han dependido de otros, muchas veces mejor preparados que ellos, para que les escriban sus discursos. Es una práctica común, pero que no deja de restar cierta legitimidad a la comunicación entre un líder y su público. Aunque sucede más de lo que creemos, es algo decepcionante cuando escuchamos que alguien a quien admiramos usa a otros para crear sus mensajes. Por eso, se agradece aún más que Steve Jobs haya compartido su experiencia de vida hablando con voz propia y conocimiento de causa. Esto vuelve el discurso más creíble y personal y por lo tanto más efectivo y emotivo. Y en eso radica su resiliencia y el hecho de que hasta el día de hoy siga siendo objeto de estudio y publicidad orgánica para su organización y el posicionamiento de sus marcas, productos y servicios. Tras su muerte, Steve Jobs ha pasado de ser el fundador y dueño de Apple a convertirse en su ángel tutelar, la leyenda, el mito. Al mismo tiempo, sigue siendo el gran PROTAGONISTA de un emprendimiento que cambió el mundo.

Storytelling y liderazgo

La idea de un líder carismático, lo que eso signifique, y presiento que significa lo que cada quien crea, no necesariamente aporta valor a una marca. Fue en aquel primer curso a CEMEX en 2014 que empecé a visualizar el valor de algo como lo que había hecho Steve Jobs con su discurso para el posicionamiento de su empresa. Anteriormente, en Nat-Geo, yo había trabajado en varias ocasiones con Fulvio Eccardi, uno de los fotógrafos de naturaleza más reconocidos de México. A su vez, en esa época Fulvio compartía su estudio como editor de la revista de la CONABIO (Comisión Nacional de la Biodiversidad) con una pequeña empresa editorial que publicaba una serie de libros sobre áreas naturales protegidas y el cuidado del medioambiente financiada por CEMEX, o más bien por una fundación a cargo de Lorenzo Zambrano, dueño de la empresa cementera heredada de su abuelo. A este empresario se le conocía, además, por su vocación filantrópica y el interés en el cuidado del medioambiente, pero se sabía poco sobre el tema. Yo insistí en que ese era un contenido que pedía a gritos integrarse a la narrativa de la marca.

Lorenzo Zambrano moriría dos semanas después de que yo impartiera el curso en CEMEX. Fue solo una coincidencia. Lo más probable es que el reconocido empresario ni siquiera llegara a enterarse de que algunos de sus ejecutivos de menor rango estaban tomando cursos de familiarización con el arte de contar historias *con propósito*. Pero un año más tarde una amiga me habló para pedirme ayuda con algunas ideas para una página de Facebook de CEMEX en que querían hablar del tema medioambiental. Así como Coca-Cola recibe críticas constantes por ser la empresa que más PET genera en todo el mundo, las plantas de cemento de CEMEX son contaminantes a simple vista y, como casi siempre, es mucho más de lo que vemos. Así que hablar de lo que hacen a favor del cuidado del medioambiente tendría que tener espacio en su agenda a la hora de crear una narrativa de marca que buscara generar empatía hacia la organización y contrarrestar con ello la imagen de empresa contaminante, sobre todo en un momento de la historia humana en que la ecología tiene un peso cada vez más significativo.

Entendemos que hay sobradas razones por las que muchos empresarios mexicanos no quieren ni por asomo aparecer en público, y mucho menos a presentar sus nuevos productos ante el mundo. Primero que todo, en el país de los secuestros, el crimen organizado y la impunidad rampante hay un miedo esencial; lo primero que nos preocupa es nuestra seguridad y la de los nuestros. Pero hay otra razón igual de poderosa y que lleva años ahí: las jerarquías y limitaciones del mundo corporativo, una mentalidad y estructura muy arraigadas en el siglo XX, y no solo en México, en las que raramente los dueños de las empresas daban la cara o conectaban directamente con su público objetivo.

Fue probablemente la generación de Steve Jobs (Apple) Bill Gates (Microsoft), Phil Knight (Nike), Richard Branson (Virgin) y de un fenómeno más reciente e icónico, Elon Musk (Tesla, SpaceX) la que propuso un modelo diferente: el mensajero es el mensaje. Salimos a dar la cara porque estamos convencidos de que lo que hacemos no es solo un buen negocio, sino que también es bueno para el mundo y queremos demostrarlo, promoverlo, decírselo a todo el que quiera escucharlo.

Ese cambio, ese protagonismo de los fundadores de muchas de las empresas más exitosas de las últimas décadas es también un cambio de cultura. En un mundo donde todos estamos cada vez más expuestos, es más necesario dar la cara, hacernos presentes para defender y promover nuestros valores; es el cambio de la cultura corporativa a una colaborativa. Y en el epicentro de esa cultura están las historias y sus protagonistas: esto hice, esto hago, esto soy, y así te sirvo. El discurso de Steve Jobs no fue un hecho aislado, y mucho menos inocente, fue parte de hacerse presente, *re-presentar*, encarnar la marca.

Difícilmente habríamos visto a nadie en el Monterrey de CEMEX, cuna de decenas de empresarios que dominan la economía mexicana —entre las quince más grandes del mundo—, pararse ante un público cualquiera a hablar de la orfandad, la pobreza o sobre cómo pagarse una comida recogiendo botellas de Coca-Cola, y mucho menos de tener un cáncer. No es nuestro estilo, dirán algunos. Pero tampoco en Estados Unidos; incluso en el país del *"There's no business like show business"* hasta hace un par de décadas los empresarios mantenían una sana distancia entre su vida personal y la de su empresa. En este mundo ruidoso y complicado de hoy del que hablaba Steve Jobs, el protagonista, el héroe y el líder vuelven a ponerse al frente de su ejército. *Creatividad S.A.*, el libro de Ed Catmull, fundador de Pixar con Steve Jobs y John Lasseter explica este cambio de una cultura corporativa a una colaborativa, y dedica todo un capítulo al papel que jugó su fundador, en la mentalidad y la visión de la empresa; desde la manera en que se construyó el primer edificio sede, para que todos tuvieran que cruzarse rumbo a la cafetería o compartir ciertos espacios, hasta el *"braintrust"*, o cómo dejar tu ego afuera de la sala de reunión y confiar en el criterio de los demás para crear historias de gran valor y riqueza. La conexión humana se pone en el centro.

El mundo había cambiado, y que una empresa tuviera éxito en un nuevo entorno de comunicación como el que ofrecía la llegada de Internet, las redes sociales, y la propia telefonía móvil que Apple había contribuido enormemente a crear exigían una nueva actitud en la relación y la conexión con las audiencias.

Pero ¿eso significa que las empresas o sus líderes tengan que hablar de sí mismos todo el tiempo para hacerse notar. No, storytelling no es contar historias para hablar de nosotros. Parece ser lo contrario, el objetivo es provocar la intervención y la interacción con el usuario, escuchar sus historias y en la medida de lo posible liderar y canalizar la conversación que se genera a partir de ellas. Y no hay que ser una gran compañía, con ingentes recursos y un área de mercadotecnia del tamaño de su ego y sus ambiciones comerciales, ni tener un líder "carismático" para crear una narrativa vibrante y emotiva que arrastre a millones a seguirnos, a compartir nuestros mensajes, o cuando menos a interesarse en lo que hacemos.

Cualquiera puede hacerlo, como cualquiera puede contar un buen chiste y tener la atención del grupo en una conversación de sobremesa por un rato, aquellos quince minutos de fama de que hablara Andy Warhol, que ahora, según estudios más recientes y precisos sobre el acoplamiento neuronal, pueden extenderse a diecisiete sin que se desconecten el contador de historias y su interlocutor. Al final, generar interés en el largo plazo y una relación empática con la marca requiere de un esfuerzo continuo. Contar la historia debe incorporarse de manera permanente a una estrategia de contenidos y a la manera en que comunicamos nuestros valores.

(Aquí tendríamos que detenernos un momento en el significado de la palabra VALOR cuando hablamos de marcas. Pero no lo haremos ahora, acompáñame en este viaje y haremos ese alto en algún momento. Ahora quiero dar una primera respuesta sin matices a otra pregunta que siempre me han hecho).

¿Cómo sé qué historias contar? ¿Por dónde empiezo? ¿Debo hablar de mí, de la marca, del usuario, o de los dos? Sigamos por ahí.

Y las ONGs también

Anita Gallagher tenía una larga experiencia de trabajo con organizaciones no lucrativas cuando tomó mi curso básico de storytelling para empresas. El interés en el tema la llevó luego a pedirme que desarrollara un breve taller de iniciación en contar historias con propósito. Pero el propósito era otro, me explicó, porque mi público no sería gente de negocios, sino representantes de ONGs. Cuando aterrizamos juntos la orientación que queríamos darle al curso me pidió de manera explícita que evitara citar a grandes empresas, particularmente Coca-Cola, que yo ponía como ejemplo de buenos contadores de historias. No importaba lo que dijera Melissa Gates en su famosa plática TED sobre Coca-Cola; las ONGs no son negocios, defienden causas, ofrecen ayuda humanitaria, cuidan el planeta. Coca-Cola, por el contrario…

En fin, sería conveniente para la audiencia que yo eligiera otro material ilustrativo. Y más que ilustrativo, que fuera edificante; sobre todo, que tuviera que ver con el accionar y la manera de hacer las cosas de una empresa NO lucrativa.

Así fue como llegué a la *Historia de Caleb y el perro que lo rehabilitó* (*Caleb's Story* en inglés). No cualquier video social tiene diez millones de vistas en YouTube; una meta casi inalcanzable incluso para las marcas más reconocidas. Muy pocos videos de Apple, por ejemplo, de los muchos que produce, llegan a ese récord. Pero el mérito es mayor cuando se trata de una organización con una audiencia directa en principio limitada a los servicios de un hospital, y el video se hace viral de manera orgánica porque la gente no puede dejar de compartirlo.

Caleb, un niño de seis años, sufre un trágico accidente con consecuencias devastadoras para su familia. Lo ingresan de urgencia con lesiones craneales y severas limitaciones en su motricidad. Después de semanas, la rehabilitación parece no estar produciendo ningún efecto positivo. Hasta que entra en escena Colonel, un perro entrenado en terapia canina que le servirá de compañía y motivación para volver a jugar y, finalmente, empezar a dar sus primeros pasos sin ayuda. Después de unos meses, estamos viendo el milagro con nuestros propios ojos: Caleb se ha recuperado. El niño y el perro son la pareja ganadora que nos muestra la relevancia de este tipo de rehabilitación, y arranca lágrimas de emoción hasta a quienes, como yo, ni siquiera tenemos una especial inclinación por los perros. La historia la cuenta Intermountain Animal Therapy, una organización sin fines de lucro. Es probable que no hayas escuchado antes hablar de esta ONG y que nunca vuelvas a escuchar sobre ella. No parece que esté en sus planes hacer algo así de grande de nuevo. Y nunca lo estuvo, porque es muy poco probable que imaginaran el éxito que tendría su historia. Pero para nuestros fines este es el mejor ejemplo de hallar las historias que corresponde contar y de lo que definimos como contenido endémico, propio de la marca, relacionado directamente con lo que ofreces como organización.

(No siempre es así, como ya veremos, hay quienes son expertos en robarse historias de aquí y de allá, que en principio no les pertenecen, y hacerlas suyas y sacarles partido).

Y no importa si hay o no fines de lucro, si eres un emprendimiento, una empresa consolidada o una organización no gubernamental. Las mejores historias que podemos contar son las que nacen en nuestro día a día, que están en el centro de lo que hacemos, de las metas y los sueños por los que luchamos y los retos que enfrentamos para alcanzarlas. En esencia, el relato sobre la rehabilitación de Caleb es un estudio de caso. Quienes cuentan la historia lo que han hecho es seguir puntualmente, cámara en mano, la evolución de la terapia del niño, entrevistar a los actores secundarios para ponernos en contexto.

La historia se volvió viral por sí sola y puso a la organización en la mira de millones de personas en todos los rincones del mundo, mucho más allá de su área de influencia o donde ofrecen sus servicios, convirtiéndolos en un promotor global de la terapia canina.

Actualmente hay una decena de videos en YouTube promoviendo estos servicios, premios, y una conversación cada vez más informada sobre el tema. Y sobre cómo la cercanía y el entendimiento entre los perros y los humanos pueden ayudar en la salud en general y en accidentes traumáticos en particular.

Decíamos que probablemente muchos no volverán a escuchar, o siquiera se les quede grabado el nombre de la ONG en particular. Por dos razones fundamentales; la primera: lo circunstancial y específico de la terapia canina en sí; la segunda y más importante aquí: porque el relato en sí no es parte de una campaña de posicionamiento bien estructurada y una estrategia de contenidos o de un esfuerzo, como a los que nos tienen acostumbrados las grandes campañas publicitarias, por posicionar la marca y la organización y establecer una relación de largo plazo con la audiencia.

Para ello es absolutamente imprescindible desarrollar no una historia, sino un ecosistema, o incluso un universo de historias de la marca u organización. No obstante, la resiliencia de Caleb y Colonel y su emotiva historia, como la del discurso de Steve Jobs, nos hablan del poder de relato y la fuerza avasalladora que puede tener cuando se coloca en las redes sociales. La conversación alrededor del video sigue en YouTube; varios años después del trágico accidente, el padre de Caleb escribió en los comentarios para agradecer al público que había dejado los suyos.

> *Hola a todos, soy el padre de Caleb, Ben S. Howard. Gracias por compartir esta historia. Caleb perdió a su madre, hermano y hermana en el mismo accidente. Me complace compartirles que después de ocho años y más de una docena de horribles cirugías, Caleb se encuentra muy bien y está asistiendo a la escuela regular ahora y logrando muy buenas calificaciones. Ha sido un gran ejemplo de valentía para su familia y muchos otros. Nunca olvidaremos a Colonel ni a su maravillosa entrenadora terapeuta, Susan.*

Las historias no solo son una poderosa herramienta de comunicación humana, también destacan por su resiliencia y la capacidad de trascender; no solo convencen más, se quedan más tiempo. También el discurso de Tyrion Lannister al cierre de *Game of Thrones*, se haría viral: "¿Qué une a los pueblos? ¿Los ejércitos? ¿El oro? ¿Las banderas? No, las historias. No hay nada más poderoso que una buena historia. Nada puede detenerla, ningún enemigo puede derrotarla".

(¿Un guiño de los verdaderos contadores de la historia, los guionistas? ¿El escritor reclamando atención para él y para el gremio? De acuerdo, puede ser, después de todo, somos solo seres humanos).

En fin...

Esta es una respuesta inicial y, como anuncié en el capítulo anterior, parcial y sin matices, a la pregunta: ¿Por dónde empiezo a contar historias? Es simple: busca en tu día a día, en lo cotidiano, en el quehacer de tu gente, usuarios, clientes, colaboradores; ahí hallarás las mejores historias. No tienes que inventar nada. Eso sí, siempre tendrás que editar, recortar, pegar, conectar los puntos. Pero de lo que se trata es de aprender a contar esas historias, las de tu gente, las tuyas; las mejores anécdotas, los eventos más representativos de lo que haces y ofreces, las frases más contundentes con que verbalizas esas acciones; las voces más vivas y las anécdotas más vibrantes están en tu quehacer diario. He tenido el privilegio de escuchar relatos increíbles en talleres de minería de historias con muchas empresas, pero lo más impactante es escuchar a los participantes *re-descubrir* y *re-membrar* su propia empresa a través de esas historias.

Hace dos años, en el cierre de uno de esos talleres con la cúpula gerencial de Alltournative, una de las empresas de tours a la selva más conocidas del Caribe Mexicano, le escuché una reflexión final al director general. Cada año hacían costosos retiros de integración fuera de la oficina para retomar juntos la energía, la camaradería y los valores compartidos; era la primera vez que se había logrado esto y más sin salir de las instalaciones de la empresa.

El día en que empiezas a descubrirlo, a hacerte consciente de tus historias, empiezas también a entender en realidad de qué hablamos cuando hablamos de storytelling. Y te cambia para siempre la perspectiva de cómo conectar con tu público y motivar a tu gente, dentro y fuera de la organización. Pero la tendencia natural es creernos lo contrario, que Nike o P&G o Coca-Cola cuentan grandes historias porque son compañías solventes y con mucho que contar. No nos detenemos a pensar qué vende Coca-Cola, por ejemplo, y cómo ha hecho para convencernos de su valor. El vendedor estrella de un delfinario cancunense comentó en uno de mis cursos de convocatoria abierta que Coca-Cola podía hacer toda esa mercadotecnia porque contaba con grandes recursos. Lo invité a pensar diferente. ¿No sería lo contrario: que Coca-Cola ha llegado a poseer esos grandes recursos porque siempre ha invertido muchísimo en promoverse con sus historias?

(Me llevó mucho más tiempo entender, o más bien descubrir por mis propios medios la desconfianza que genera para las ONGs y el público en general poner a Coca-Cola como ejemplo de buen storytelling, pero de eso hablaremos largo y tendido en su momento).

Lo que quiero destacar aquí y ahora es otra cosa. No puedes quedarte con una sola historia. Por mucha resiliencia que tengan, por muy motivante que sea un relato como el de Caleb y el perro que lo rehabilitó, una golondrina no hace verano, o eso decimos en español. Como veremos a continuación, lo que compartimos, ahora sí, son experiencias, emociones. No tiene que haber un perro y un niño ni un trágico incidente. Cualquier historia, bien contada, tiene la posibilidad de convertirse en un fenómeno viral y posicionar nuestra marca y sus mensajes en la mente y el corazón de millones de personas, aunque sea una vez. Si vas a contar una historia sobre tu organización o negocio, lo primero que tendrías que preguntarte es por qué esta historia sería interesante o relevante para otra persona. ¿Qué experiencia y qué valores transmite? ¿Qué emociones concita? ¿Por qué alguien querría compartirla? Pero, como ya hemos dicho con el ejemplo del caso Caleb, una historia por sí sola no puede construir una narrativa de marca. Para ello necesitamos un universo de historias, o lo que llamamos una estrategia de contenidos de la marca. ¿A qué nos referimos con ecosistema, universo de historias, estrategia de contenidos? Hacia ahí vamos.

La Madonna y el Niño

P&G o cómo crear un ecosistema de historias

Wieden + Kennedy se describen a sí mismos como una agencia global, independiente que crea relaciones fuertes y provocadoras entre las buenas compañías y sus clientes. En su sitio web cuentan cómo crearon *"una conexión emocional entre una empresa global, sus marcas y las personas".*

"Para los Juegos Olímpicos de 2012, P&G quería convertir su reputación corporativa en una ventaja competitiva aprovechando su escala global y uniendo sus 34 marcas en una sola voz. Nuestro desafío fue crear una conexión auténtica y verdaderamente global que vinculara el propósito de la marca Procter & Gamble (Tocar vidas, Mejorar la Vida) con los Juegos Olímpicos. A primera vista, no hay una conexión obvia entre P&G y los Juegos Olímpicos.

Pero todos los atletas olímpicos tienen o han tenido una madre. Y P&G ama a las mamás. Esa se convirtió en la conexión que impulsó la creación de una idea poderosa que se desarrollaría en una amplia gama de contenido y experiencias. No hicimos de los atletas nuestros héroes; celebramos a sus mamás. Creamos una campaña de reconocimiento a las madres totalmente integradas para darle el lugar que le corresponde a una mamá en estos Juegos. El lema, P&G, orgulloso patrocinador de las mamás se utilizó para vincular todos los elementos de la campaña. Empoderamos a nuestros consumidores brindándoles una forma de participar. Desarrollamos una plataforma digital única para que los consumidores agradezcan y honren a sus propias mamás. Y lo que es más importante, predicamos con el ejemplo de la primera campaña corporativa de P&G. P&G construyó el P&G Family Home, el primer *hogar lejos del hogar* para las mamás y las familias de los atletas olímpicos, y llevó a todas las mamás del equipo de EE. UU. A los Juegos Olímpicos. Ampliando el trabajo preliminar que establecimos durante los Juegos Olímpicos de Vancouver 2010, continuamos creando una perspectiva nueva y fresca en nuestra campaña *Thank You Mom* que sea relevante a nivel mundial y local. Resultados: En 2010, *Thank You Mom* fue la campaña global más grande y exitosa en los 175 años de historia de P&G, con $500 millones [de dólares] de incremento en sus ventas globales, 76 mil millones de impresiones en medios globales, más de 74,000,000 de vistas globales y más de 370,000,000 interacciones en Twitter.."

Un usuario endémico: la mamá

Lo primero en storytelling es conocer lo mejor posible a tu público objetivo primario. A quién le hablas, a quién le cuentas tu historia. Es como saber el blanco a donde tienes que apuntar. Si no tienes un blanco preciso, tus dardos volarán hacia cualquier objetivo ocasional, o aterrizarán en cualquier parte, menos donde causarían el efecto deseado. Nadie sabe esto mejor que P&G. Cuando alguien me compartió vía Facebook el video *Thank You Mom* quedé tocado a la primera. Luego lo vi varias veces para estudiarlo. Yo sabía ya dónde y con quién lo iba a compartir. Desde 2014 y hasta hoy lo he presentado un centenar de veces en mi curso básico de storytelling para mostrar cómo se puede contar una historia solo con música e imágenes, sin palabras, y llegar a cualquier tipo de público con un mensaje universal. "Gracias, Mamá" llega a todo tipo de público por una razón más profunda y también más difícil de entender a simple vista. Es algo que no está en la superficie del relato, sino en su esencia, el arquetipo de la Madonna y el Niño *(pero precisamente por su complejidad, vamos a dedicarle todo un libro, el segundo de esta serie, al estudio de los arquetipos en storytelling)*. El amor y el sacrificio cotidiano es algo que todos entendemos y que muy pocos seres humanos no han llegado a sentir; es una experiencia incorporada en la especie, podemos sentirla y sentirnos identificados con ella.

(Ojo con la palabra. Identificar, identidad, marca… ¿se relacionan de algún modo en tu mente? ¿Podemos identificarnos con una marca a través de identificarnos con una historia y sus personajes, y asociar las emociones con ciertos productos y servicios, incluso a nuestro pesar?)

Todos los videos de esta campaña de Procter & Gamble, y son muchos a medida que la empresa los ha replicado para otros eventos deportivos importantes, han tenido la capacidad de emocionar y hacer que el público se sienta motivado a compartirlos. La estrategia de P&G y sus agencias de publicidad cuentan ciento por ciento con ello. Al potencial de un contenido de ser compartido se le llama en inglés *shareability (otra palabreja difícil de traducir a menos que nos inventemos algo como 'compartibilidad').* Es muy difícil no sentirse identificado con los sentimientos que expresan esos relatos. La madre es la heroína indiscutible detrás de las hazañas deportivas de sus hijos; estuvo ahí siempre, apoyándolos, impulsándolos, consolándolos, aplaudiéndolos. Y siempre, la marca aparece solo al final con su mensaje, como un recordatorio de que detrás de la mamá está P&G, apoyándola, impulsándola, aplaudiéndola; a su vez, invitando a una audiencia mundial, involucrándonos, invitándonos a apoyar, a impulsar, aplaudir.

Una campaña, una estrategia, la identidad de una marca. Quién mejor que Procter & Gamble para acreditarse el invento del marketing de contenidos, el marketing emocional, el marketing reputacional. Todos esos son nombres asociados a un desarrollo mayor, el marketing digital. Pero no para ellos; P&G llevaba un siglo haciéndolo, mucho antes de la llegada de internet y el tsunami de las redes sociales y el storytelling. Comenzó a contar historias, primero en la radio y después en la televisión. Procter & Gamble Productions produjo y patrocinó series en la radio en los años treinta, y se consolidó con la televisión en los cincuenta y sesenta. Las mamás en esa época estaban a tiempo completo en sus casas, al frente; se encargaban del cuidado de la familia. Eran, y no han dejado de ser, las guardianas del hogar, ese blanco seguro al que apuntarle con sus historias, que dieron lugar al surgimiento de las telenovelas en Estados Unidos, llamadas *soap opera* porque los jabones eran uno de los productos básicos que identificaban a P&G.

Quizá por eso P&G estuvo también entre las primeras organizaciones en entender el potencial de internet y las redes sociales como el entorno idóneo para conectarse con sus audiencias. Con la llegada de la era digital y la progresiva penetración en todos los ámbitos de la sociedad, la mamá sigue siendo relevante como audiencia, pero ya no está sola en casa. Hay otros modos de seguirla y llegar a donde esté, sobre todo porque está en un lugar aún más seguro que el hogar: en el corazón de todos quienes hemos sido hijos, padres, seres humanos.

El relato *Thank You Mom* narra el esfuerzo conjunto y la meta compartida de forjar un atleta olímpico. El mensaje se presenta de forma explícita al final de la historia, y va claramente dirigido al público objetivo de la marca, la mamá y ama de casa: "Gracias, Mamá, por demostrarnos que las caídas nos hacen más fuertes". Pero el propósito de la historia va más allá del mensaje; emociona, toca las fibras más sensibles, y genera empatía en la audiencia, cercanía emocional con la marca y nos convierte en sus aliados. En términos mercadológicos es lo que en la publicidad tradicional se ha llamado —y mal traducido— recordación y/o posicionamiento de marca o *branding*. Al promoverlo en internet y las redes sociales, y de llegar a nosotros a través de las emociones, el mensaje se comparte y expande el alcance y penetración de P&G como marca.

Una narrativa vibrante, un mensaje contenido en la historia, y su alineación con un claro propósito son los elementos clave del storytelling como estrategia de comunicación.

Pero ahora es importante detenernos un poco para establecer esa sutil distinción entre el mensaje y el propósito de contar determinada historia en el desarrollo de una narrativa de marca. Qué queremos lograr. He usado el término ecosistema para hablar precisamente de cómo desarrollar historias que pertenecen a un entorno, el de una marca u organización, que a su vez termina consolidándose en un metarrelato de la marca y construye su identidad.

Historias y creación de valor

En una tienda departamental podemos comparar la diferencia de precio entre unos vaqueros sin una marca conocida y el de una marca famosa como Levi's. A veces puede ser el doble. Aunque precio y valor no son lo mismo, ambos conceptos tienden a moverse en paralelo; la percepción del valor define el precio, y a mayor valor percibido, más elevado será el precio. Levi's evoca un siglo de historias, actores famosos: Marylin Monroe, James Dean, rockeros, motociclistas y rebeldía juvenil. Todas esas imágenes que asociamos con la publicidad orgánica de la marca en películas, la televisión y el marketing tradicional han colocado a Levi's en nuestra realidad y en nuestras vidas y contribuyeron a hacer de los pantalones vaqueros una de las modas más exitosas y duraderas vigente hasta hoy.

¿Por qué la misma mezclilla, los mismos botones, colores y costuras tienen costos asociados tan diferentes? El valor lo aportan las historias, la mística que la marca ha acumulado imagen tras imagen, representante tras representante ocasional. Muchas veces sin una intervención premeditada de la organización o el accionar de sus dueños. Ahora es diferente; de manera consciente, articulada, programada y concebida como una estrategia, las marcas dependen más que nunca de esas *stories* que están en todas partes para mantenerse en la mente y el corazón de las audiencias. Todos los relatos así concebidos se alinean con un propósito.

Historia, mensaje y propósito

Hay que establecer una distinción importante entre informar sobre un evento o situación y contar una historia. Narrar hechos puede servir, en el periodismo, por ejemplo, para informar sobre un acontecimiento, es decir, el propósito primario de dar la noticia es informar. Pero informar es muy diferente de comunicar y está todavía lejos de contar historias para dejar algo establecido. Durante varios años, antes de empezar a involucrarme en la comunicación de empresas y negocios y los contenidos y narrativas de marca enseñé periodismo narrativo para los medios de comunicación. En esa época, nadie hablaba de storytelling. Entrené a decenas de editores, reporteros y periodistas, sobre todo en el aprendizaje del periodismo narrativo, que es lo más cercano al concepto de storytelling en el medio. Para la noticia usamos una estructura reconocida por cualquier periodista como la pirámide invertida. En el periodismo narrativo, cuyos emblemas pueden ser el reportaje y el artículo de revista es más común usar otra estructura, más cercana a lo que en lo que aquí llamaremos el arco dramático clásico. Por ahora, baste decir que, tradicionalmente, ha habido una diferencia importante en la manera en que se aborda un contenido meramente noticioso, a cómo se hace en los géneros periodísticos. En el periodismo impreso tradicional hay una diferencia marcada entre la nota periodística, entre dar la primicia y el seguimiento.

En storytelling casi nunca concebimos un contenido como noticia en su sentido de primicia, de información de última hora. Lo que hacemos está más cercano al periodismo narrativo y la nota de seguimiento; nos centramos más en el cómo y el porqué de un hecho o situación. Pero el storytelling también tiene ciertas características propias, relacionadas con los medios que usamos para llegar a nuestras audiencias, la preponderancia del sujeto y lo subjetivo y la manera en que se concibe el mensaje en función del propósito último. Cuando contamos una historia no narramos hechos en sí, sino acciones encaminadas a una meta, con un fin específico dentro de la historia, conectadas en una relación de causa y efecto que nos encamina hacia un resultado y un mensaje.

En storytelling de negocios específicamente, el relato ocupa el centro de la historia, pero los antecedentes nos ponen en contexto para orientar desde el principio hacia dónde nos dirigimos con la narración. Y esta nos conduce hacia la conclusión prevista. Aunque el relato es central, podríamos decir que la columna vertebral de la historia, sin los antecedentes que nos guían hacia él y la conclusión a la que llegamos, no tendríamos una historia como tal, el cuento completo, la experiencia, procesada y lista para ser compartida.

En la narración de historias de naturaleza artística, en la escritura creativa, ya sea de ficción o de no ficción, o en el ámbito conversacional, suelen construirse mensajes múltiples y finales abiertos. En storytelling, la narración se enfoca hacia una conclusión con un mensaje concreto e inequívoco (aunque pueda contener muchos matices de significado), y a un llamado a la acción específica. Se ha dicho que toda historia termina reconstruyéndose de atrás hacia adelante. Una vez que tenemos claro el sentido profundo de los hechos narrados, el mensaje que queremos llevar, usamos los antecedentes, al inicio de la historia, para orientar la narración desde el principio y hacia esa conclusión. O sea, cuanto mejor concebido esté el personaje, su entorno y la situación que deberá enfrentar y resolver, más fácil será para la audiencia identificar el mensaje del relato al final e identificarse con la experiencia compartida.

Y fácil aquí no es sinónimo de obvio o predecible, sino todo lo contrario. En cualquier tipo de historia, sin importar la audiencia a la que vaya dirigida, revelar desde el inicio el mensaje al que queremos llegar solo va a provocar que el público se desconecte más rápido. Ya sabe lo que quieres hacerle saber, para qué seguir contigo. El mensaje y el propósito en storytelling constituyen la "idea controladora" de que habla el maestro Robert McKee en sus cursos de guionismo cinematográfico. Esta idea controladora define cómo vamos a construir la narración para llevarnos hasta el mensaje. En storytelling, el propósito de la historia, o sea, por qué y para qué la contamos puede estar un poco más allá del mensaje.

Por ejemplo, la historia puede estar relacionada con el lanzamiento de un nuevo producto, el posicionamiento de la marca en un nicho de mercado diferente o la comunicación entre áreas de una misma empresa. Pero es importante dejar asentado que el propósito, el objetivo final por el que trabajamos, se instala en la estrategia de comunicación y no es parte de la historia en sí. De hecho, casi siempre va a permanecer oculto. No hay ninguna necesidad de que la audiencia sepa cuál es tu objetivo último al contar una historia. Podría incluso restarle importancia para una audiencia específica, hasta el rechazo.

Conectar con una historia y sentirnos inspirados por su mensaje, se plantee o no de manera explícita, es muy diferente a hacernos partícipes de facto de los planes comerciales de Coca-Cola o de Apple. A nadie excepto a Coca-Cola puede interesarle que la compañía cumpla la meta de duplicar sus ventas en una década. De hecho, a muchos más bien les preocuparía la noticia. Y quizá la mejor manera de quitarles la preocupación es haciéndolos vibrar con una historia e identificarse con los valores de la marca. Como ya hemos visto en el capítulo anterior, hay marcas que tendrán que hacer un mayor esfuerzo para que sus mensajes lleguen a la mente y al corazón del usuario que otras. Y es que a todos nos gusta comprar, pero no que nos vendan.

Cuando una historia revela demasiado su propósito final, es más probable que la audiencia huela el tufillo a manipulación y se dispare una reacción instintiva de rechazo. Por eso, el mensaje debe ser fácilmente discernible y acercarnos de forma empática a su emisor, pero el propósito no tiene por qué hacerse evidente, sino todo lo contrario. El propósito solo puede percibirse en un contexto mayor, el de la estrategia de contenidos. Qué queremos que el usuario sepa, con qué queremos que se identifique, y para qué. Cuanto más universal es el valor de un mensaje, más fácil será que la gente se sienta motivada a compartir la historia que nos lo revela. Por eso la campaña *Thank You Mom* se ha mantenido vigente toda la década.

Coca-Cola, protagonista, héroe y todo lo demás

 Al igual que Google, Coca-Cola también usó el conflicto entre Pakistán y la India para posicionar su marca. Y también en el mismo momento de crisis en la relación de ambos países. Lo hizo a su estilo, o sea, a lo grande y al desnudo con su campaña *Small World Machines – Bringing India & Pakistan toghether*. No dejaba nada a la imaginación. En 2013, cuando escalaban las tensiones hasta el enfrentamiento armado entre estas dos potencias nucleares, Coca-Cola colocó máquinas expendedoras equipadas con cámaras y pantallas táctiles a un lado y otro de sus fronteras e invitó a pakistaníes e indios a hacer a un lado sus diferencias y completar juntos la tarea de saludarse, tocar con la mano la pantalla y dibujar un signo de paz o bailar. Una vez que se completaban las tareas de manera conjunta con los participantes, estos recibían y compartían una Coca-Cola. En los tres días que duró la activación de las máquinas expendedoras, Coca-Cola regaló 10,000 latas de su bebida icónica. El video tiene más de 4 millones de vistas en el canal oficial de la marca en YouTube y ha sido motivo de conversación y debate entre publicistas y público desde entonces. El conflicto entre la India y Pakistán sigue latente, y el "granito de arena" que la marca puso en aras de la paz sigue promoviendo los mismos valores que conforman su eslogan.

Una parte significativa del éxito de Coca-Cola como empresa ha sido siempre su comunicación. También Coca-Cola, mucho antes de la llegada de Internet y los avances tecnológicos del siglo XXI ya se había metido en el negocio de llegarle al corazón a la gente (y no con el producto en sí) mucho antes de que surgieran ideas como el marketing emocional, la publicidad basada en storytelling, el primer botón de Me Gusta en Facebook, y la posibilidad del usuario de compartir historias.

¿Qué hace diferente Coca-Cola?

Como ya hemos señalado, en el año 2010, Melinda French Gates sorprendió a todos con su pregunta: *¿Qué podemos aprender las ONGs de Coca-Cola?* Cuestionaba en una plática TED (que es hoy un referente de ese medio): ¿Cómo hace Coca-Cola para llegar a los rincones más apartados del mundo donde no hay siquiera agua corriente, electricidad o servicios de salud?

"El éxito de Coca-Cola es relevante porque, si aprendemos de él, podemos salvar vidas. Por eso me tomé un poco de tiempo para estudiar a Coca-Cola. Y creo que en realidad hay tres cosas que podemos concluir. Coca-Cola toma datos en tiempo real y los devuelve inmediatamente al producto, aprovecha el talento empresarial local y hace un marketing increíble".

Ese mismo año, el *Chief Marketing Officer* de Coca-Cola presentó en el Festival de Cannes su Plataforma Digital de Mercadotecnia, la estrategia que regiría la próxima década para la marca: "Liquid and Linked, Coca-Cola 2020 marketing strategy", basada ciento por ciento en el uso del storytelling. En el video mismo lo explican: no solo contarían las historias de la marca y las de otros, también motivarían a los usuarios a contar las suyas y la plataforma misma se encargaría de que esas historias se compartieran en todo el mundo. Con esa estrategia se planteaban, sin tapujos, duplicar las ventas y la presencia de Coca-Cola en el mundo en una década.

Si comparamos el alcance de estas, el mensaje navideño de Coca-Cola en diciembre de 2020, basado en la misma idea del reencuentro y la reunión con la familia, duplicó en dos meses el número de vistas de la famosa activación por medio de sus máquinas expendedoras "tuneadas" para la paz entre la India y Pakistán. Para algunos, la plática TED de Melinda French Gates fue una provocación. Se presentaba en nombre de una exitosa organización no lucrativa para hablar del monstruo capitalista que seduce al mundo con un producto que no aporta nada de valor a su salud y bienestar. Además, Coca-Cola es señalada, incluso, y ha sido reconocido por ellos mismos, como el mayor productor de deshechos plásticos del mundo y manifiesta abiertamente que no está en sus planes reducir esos desechos. Precisamente, el mensaje de Melinda iba encaminado a que las organizaciones no lucrativas dejaran a un lado la idealización de la sacrosanta misión de su causa, cual fuera, y buscaran en el sector privado la manera de ser más eficientes en llevar su ayuda y sus historias hasta esos millones de gente y regiones empobrecidas del planeta a donde quieren llegar.

En la presentación de Liquid & Linked se plantea sin tapujos que no se trata de mejorar nuestras ventas, sino de duplicarlas. En diez años, más azúcares, más plásticos, más bebidas gaseosas. Menos salud humana y del planeta.

"¿Y cómo lo vamos a hacer? Con storytelling" / Nos desplazaremos de la excelencia en la creatividad, a la excelencia en los contenidos / Y con las historias que contamos, provocaremos conversaciones y alcanzaremos una parte desproporcionada de la cultura popular / En esa conversación, las historias de los consumidores de Coca-Cola ocuparán más espacio que las historias generadas por Coca-Cola / Y podemos desarrollar conexiones emocionales más profundas a través de nuestras historias".

El protagonismo de Coca-Cola

Un rasgo que ha definido a la organización desde siempre ha sido la agresividad de su mercadotecnia. Si volvemos sobre el video de Google y nos detenemos a observar la manera en que despliega su mensaje en *Reunion*, nos daremos cuenta de que como marca solo se hace presente al final con su logo: Google. No hay ningún otro mensaje que refuerce hacia dónde nos quieren llevar las historias, nada de *punch line*, o frase de cierre. Se asume que no hace falta, todo está contenido en la historia, no es necesaria una reflexión final expresada de ninguna manera, una moraleja o un llamado a la acción. Aquí no.

Pero Coca-Cola hace las cosas diferentes. Para su video ha creado un entorno, ha producido y preparado el terreno con una activación *para hacer que las cosas sucedan*. Está presente todo el tiempo y se lo hace saber a su público: soy la razón por la que ustedes están aquí ahora mismo. Y exige el reconocimiento por ello. Gracias, Coca-Cola, cómo viviríamos sin ti. En el fondo, ambas compañías no solo han usado el mismo tema, se han dirigido al mismo público y resuelto cada quien a su modo el conflicto central de la historia. También se han basado en la fórmula más común del storytelling de negocios, que remarca la diferencia entre protagonista y héroe.

Desde los griegos hasta hoy, el héroe es un personaje especial. Cualquiera puede ser protagonista de una historia, pero el héroe es otra cosa, aunque en el despiste actual, ambas figuras se usen indistintamente. Pongámoslo así ahora para introducir el asunto del personaje de manera simplificada. En las narrativas de marca el protagonista es a quien le pasan las cosas más importantes en el relato; el héroe es quien hace que las cosas pasen. O lo que es lo mismo, el protagonista o personaje protagónico generalmente es el usuario, y el héroe es la marca. Google es quien ofrece la herramienta que permite que los dos amigos se reúnan después de muchos años. Coca-Cola crea un invento tecnológico que facilita la conversación y "compartir un momento de alegría" entre indios y pakistaníes. En ambos casos la marca es el héroe. Pero la sutil diferencia entre uno y otro es precisamente el protagonismo de Coca-Cola, la manera en que se presenta ante el mundo como el gestor de la felicidad de seguidores y usuarios; esto somos, esto hacemos, y tú eres parte de ello, es nuestra decisión.

Si nos remitimos a la historia de Caleb, creada por una ONG, es fácil distinguir que la relación protagonista-héroe se establece entre Caleb y Colonel. La manera en que se promociona la organización es más sesgada, sosegada, un "estamos detrás de esto, pero no es lo que queremos decirte". La estrategia de P&G es similar, la madre es la heroína, y su hijo el deportista de alto rendimiento, el protagonista. La marca es solo el mensajero, es un "estamos aquí para aplaudir juntos a esas grandiosas mamás, como la tuya", y de paso, al final, humildemente, te damos un "paneo" de todos los productos con que la ayudamos a mantener el hogar, *end of the line*.

A través de todo este libro vamos a ver múltiples ejemplos de historias de éxito contadas por organizaciones grandes y pequeñas, incluso desconocidas. En una absoluta mayoría se repite este esquema de protagonista y héroe representados por el usuario y la organización, donde el protagonista enfrenta un problema y la marca provee la solución. No importa si se trata de una ONG, como la de Bill y Melinda Gates o su público, o de Apple o Coca-Cola, la razón de ser de todas las marcas, su propósito, es proveer respuestas, generar algún tipo de solución para sus clientes. Y funciona igual para las ONGs, aunque con otras variantes y matices. Las historias que cuentan organizaciones de todos los ámbitos se enfocan a mostrar y demostrar el valor que proveen, y esa es una característica distintiva del storytelling.

Pero para algunas marcas es mucho más fácil mostrar ese valor. No tanto para Coca-Cola. No es fácil convencer al mundo de que tomarse una "coca" le va a facilitar la vida, o le va a aportar en algo a su salud y su bienestar. Por eso todo el tiempo la organización tuvo que multiplicar sus esfuerzos por mil para esa gran meta de duplicar las ventas para 2020. Con base en las nuevas tecnologías, las historias las va a aportar el público, las redes sociales, los usuarios. A ellos, como marca, lo que le correspondes es motivar, canalizar y liderar esa conversación. A tiempo completo, veinticuatro por siete.

Como bien señala Melinda Gates en su plática, y ellos mismos en su presentación de *Liquid & Linked*, Coca-Cola se ha destacado desde siempre por su análisis de los datos. Y ahora más que nunca pueden saber qué inspira a sus usuarios porque estos se lo hacen saber de buena gana con sus historias.

¿Y para qué usas mis historias, abuelita Coca-Cola?, dicen las nuevas generaciones. Para venderte mejor. Por supuesto, no es Coca-Cola la única que lo hace. En definitiva, el negocio de Google es conectar personas. Y extraerle toda la información posible en el proceso, ¿para qué? Para venderse mejor. Al mejor postor. La diferencia está en la manera en que se cuenta la historia. Y en lo que vende cada quien.

La historia detrás de la historia

Una de las historias de Coca-Cola que incorporé tempranamente en mis cursos viene de Argentina, y habla de un personaje que la marca sacó del olvido de manera oportuna. Esta es la historia original que cautivó a todo un pueblo.

En 1978 Argentina ganó por primera vez la Copa Mundial de futbol. *El Gráfico*, una revista deportiva de gran tiraje en esa época destacó en su portada la presencia de Víctor dell'Aquila, un fanático que corrió a abrazarse con dos de los jugadores que más contribuyeron a la victoria. En la imagen original solo posaba junto a los dos futbolistas arrodillados en la hierba. Abrazándose. Víctor se inclinaba sobre ellos. El abrazo del alma, decía el titular. El artículo de portada de *El Gráfico* sacaba del anonimato al aficionado y lo hacía parte del triunfo argentino. Los hinchas, como le llaman los argentinos a los fanáticos del futbol, viven como nadie la pasión por ese deporte en Argentina, y el gesto era más que merecido.

La paradoja del asunto aquí es que Víctor dell'Aquila, nuestro personaje, no tenía brazos, lo cual dejaba un poco a la imaginación el supuesto abrazo, a la vez que realzaba su simbolismo. Tenía el valor excepcional que representaba la discapacidad de Víctor, un personaje entrañable en muchos sentidos y cuya historia de realización personal va mucho más allá de esos minutos de fama. La imagen se quedó en el inconsciente colectivo de los argentinos, y de cierto modo en toda América Latina, asociada a aquel titular: *El abrazo del alma*. Treinta y seis años después, en vísperas de la llegada del mundial de 2014, Coca-Cola desempolva la historia y la hace suya reuniendo a los tres protagonistas de aquel abrazo, ahora dirigidos por un nuevo técnico, Coca-Cola, que construye una nueva historia, la del reencuentro. En esta imagen recompuesta Víctor aparece en el centro, los brazos de los dos futbolistas levantan la copa sobre su cabeza, y es él quien lleva puesta la camiseta del equipo de futbol argentino.

La historia es de quien la cuenta

Desde su famoso comercial conocido como *"Hilltop"* en los años setenta, que en realidad se llama *"Quiero comprarle una Coca-Cola al mundo entero"*, la marca concluye sus relatos haciéndole saber a la audiencia que lo que están viendo es un esfuerzo consciente y consistente de la marca por llevar sus mensajes lo más lejos posible y que la gente compre su producto estrella. Usé en varias ocasiones el video de Víctor dell'Aquila para explicar cómo se construye un arco dramático perfecto. Coca-Cola ha acumulado muchos años de experiencia en estos menesteres. Se las saben todas; tan es así que se puede medir y mostrar de manera milimétrica cómo se desarrolla la historia, y la curva perfecta del arco dramático. También puede verse cómo Coca-Cola tiene la última palabra. Ahora Víctor dell'Aquila se ha convertido en su personaje. Hago notar esto a mi público porque mi objetivo no es venderle una refrescante bebida, ni "destapar felicidad", sino mostrar de qué está hecha esa realidad, y contribuir a reflexionar sobre ella y cómo reflejarla desde nuestra perspectiva y ¿por qué no?, a nuestro favor.

El valor de esta historia para mi curso consistía en que despertaba las mismas pasiones encontradas que despierta el fútbol. En el salón de clases las posturas generalmente se dividen. Hay quienes se dejan llevar por la emoción y hay quienes reaccionan a esa emoción: se sienten manipulados. En definitiva ¿qué tiene que ver Coca-Cola con el futbol en la vida real? ¿De qué manera se asocian, en la realidad, el acto de tomarse una Coca-Cola y las emociones generadas por un partido de futbol? Pues, ciertamente, de ninguna. Tampoco hay asociación directa entre el producto y el servicio que ofrece la marca con el conflicto entre dos naciones, válgame Dios. Mucho menos, hay relación directa alguna entre Coca-Cola y la Navidad.

¿El Grinch es verde?

No se trata de despotricar contra Coca-Cola, sino todo lo contrario. Hasta el día de hoy, el material que provee la marca para el estudio del storytelling es invaluable. El mejor ejemplo de la mejor mercadotecnia y contar-historias-con-propósito aplicado de manera consistente en el posicionamiento de una marca. Ninguna organización invierte más recursos en ello. Y nadie ha explotado la Navidad ni se la ha apropiado de tal manera. Es un nicho mercadológico con el que Coca-Cola ha generado una simbiosis. El ser humano es del tamaño de sus ambiciones y las marcas y las empresas que creamos son el reflejo de ello. Y Coca-Cola siempre ha pensado en grande. En los años setenta, mucho antes de la llegada de internet y la era de la comunicación global, ya los villancicos navideños empezaban a saber a Coca-Cola. Santa Claus empezó a ser un personaje de Coca-Cola y hasta los osos polares, tan necesitados de una bebida refrescante, se interesaron en los productos de la marca. La realidad es que Coca-Cola ha creado una ficción extraordinaria para promover el valor de su marca a partir de historias no endémicas. Más adelante reflexionaremos sobre el cómo y el porqué. Pero la razón primera es obvia: sus productos y servicios no son esenciales, la organización en pleno es prescindible, y no tiene un asidero real para generar emociones auténticas como sí lo tienen tantas otras.

Por mucho que se esfuercen, lo único que pueden tener Colonel y Coca-Cola en común es la primera sílaba, y una cola. Y Coca-Cola es consciente de eso, tiene cola que le pisen. Y más bien la levanta en alto y la sacude ante cualquiera como muestra de paz, "amigo, estamos contigo". Google puede demostrar con sus historias que sus herramientas de búsqueda pueden salvar vidas. Para una marca como Coca-Cola esto es un poco más difícil. Por eso, ha creado su identidad a través de eventos, constructos mercadológicos y artilugios en los que establece esta suerte de hermandad con el mundo real allá afuera, se apropia de las historias de otros y las hace suyas.

Con el tiempo dejé de usar el video de Víctor dell'Aquila o cualquier publicidad de Coca-Cola en mis cursos y talleres porque resultaba contraproducente. Una cosa es convencer a los usuarios de Coca-Cola de que tiene algo que ofrecerles y otra es convencer a mis usuarios de que las prácticas de Coca-Cola les pueden resultar útiles a ellos. O que son lo mejor que podemos hacer con nuestra marca. Más bien, la primera recomendación que hago a la hora de crear un universo de historias de tu marca y alinearla con una estrategia de contenidos es hacer exactamente lo contrario de lo que hace Coca-Cola. No inventes nada, busca en tu día a día, ahí encontrarás todo el material que necesitas para construir la narrativa de tu marca y de tu organización. No hace falta crear ficciones, sino todo lo contrario. No elegí a Coca-Cola porque necesitaba un villano.

En realidad, ver la reacción de mis estudiantes a la historia de Víctor dell'Aquila, repetida en una decena de talleres, me fue develando un sutil patrón. En cada ocasión surgía la pregunta de algún asistente: ¿Y esto no es manipulación? Llegué a tener una respuesta lista sobre lo que significaba la palabra manipulación, el porqué y el para qué, al final, de un modo u otro, desde niños aprendemos a manipular a los demás.

(Me preguntaba, y te pregunto, ¿por qué esta sensación de estar siendo manipulado no aflora con el video de P&G, por ejemplo, o para el caso de cualquiera otro?, ¿por qué siempre ocurría con esta historia de Coca-Cola?)

III. Cómo contar cualquier historia

Shareability: historias para compartir

Si la historia me hace clic, le doy clic. La comparto. Antes decíamos que la mejor publicidad se hacía de boca en boca. Antes… de la era digital. Hoy tenemos formas mucho más rápidas y eficaces de compartir algo que nos gusta, nos inspira, nos hace llorar, nos hacer reír o incluso nos llena de enojo. Aunque vale detenernos un momento a hacer un par de aclaraciones. Seguimos diciendo que la mejor publicidad es boca a boca, en el sentido de que tu trabajo o tus servicios sean recomendados. Contar buenas historias hace una contribución importante al posicionamiento de nuestra marca y a la percepción del usuario, pero no sustituye al buen servicio. Lo peor que podemos hacer es emocionar a nuestros consumidores para luego decepcionarlos con un mal servicio, porque también hoy como nunca el usuario tiene capacidad de respuesta y derecho a réplica.

Entonces, el mejor storytelling es el que se avala con el mejor servicio y la satisfacción del cliente. La confianza es como una estalactita, se forma y se solidifica gota a gota y se destruye en un instante, solo por un simple descuido. Aclarado esto, una historia bien contada puede volverse viral de la noche a la mañana, con el potencial que eso tiene de darnos a conocer, transmitir más y mejores mensajes y guiar la conversación con nuestro público objetivo.

¿Y qué historias son más virales?

En la última década, universidades e investigadores de todos los ámbitos se han dado a la tarea de entender qué hace que una historia se viralice en el entorno de las redes sociales; qué emociones resultan disparadores para que alguien haga ese esperado clic y comparta un contenido. La evolución misma del botón de compartir desde el año 2010 a la fecha nos habla de ello. De *me gusta*, a *lo comparto* hay un trecho importante. Podemos darle *me gusta* a cualquier cosa solo por cumplir. El impulso de compartir un contenido nos compromete más, por una parte, porque estamos dando una suerte de aval, y porque también define un poco nuestras posturas, nuestros gustos, filias y fobias. Pero si ahora queremos saber cuáles son los disparadores emocionales, basta con ver las opciones que nos da Facebook para reflejar nuestro estado de ánimo. Deberíamos tener en cuenta esas caritas de enojo, risas, ternura y tristeza en el diseño de nuestras historias.

El contenido audiovisual, la fidelización del cliente a través de compartir historias, el marketing emocional y la interactividad con el usuario al involucrar sus experiencias, son desarrollos cruciales relacionados con el storytelling y el manejo de los contenidos de una marca u organización. A principios de la década pasada, Ben Smith, director editorial de Buzzfeed —el primer medio digital nacido del entorno social, o *social media*— exponía la relevancia de la capacidad de un contenido para ser compartido ('*shareability*') en estos términos: "Cuando un editor nos llega con una propuesta de contenido, la primera pregunta que le hacemos es: si esta historia llega a tu muro, ¿la compartirías?".

El avance de las neurociencias nos permite hoy visualizar y entender fenómenos como el acoplamiento neuronal. Se ha demostrado que el emisor y el receptor de una narración pueden llegar a conectarse, literalmente. Las mismas emociones y conexiones neuronales se disparan en el cerebro de quien cuenta la historia y quien la escucha. Dentro de los estudios encaminados a entender cómo las narraciones cautivan y transforman, los trabajos sobre la oxitocina del neuroeconomista Paul Zak muestran a través de una serie de experimentos y sus conclusiones cómo las historias cambian la química de nuestro cerebro y generan esa descarga empática que nos lleva no solo a emocionarnos e identificarnos con ellas, sino a querer compartirlas.

El motor de la historia: la empatía

Si vas a contar una historia sobre tu organización o negocio, lo primero que tendrías que preguntarte es: ¿Por qué esta historia sería interesante o relevante para mi público objetivo?, ¿qué le aporta?, ¿qué le dice sobre sí mismo?, ¿qué razones tendría para compartirla con otras personas? Preguntas cuyas respuestas van exponiéndose en el video de Paul Zak que promueve su investigación sobre *La neurociencia del storytelling*. La narrativa breve que se usó como modelo para llevar a cabo esta investigación gira en torno a dos personajes: Ben, un niño de dos años con cáncer cerebral que tras dos quimioterapias y radiaciones está feliz porque por primera vez no se siente mal, y puede jugar; y su padre, que sufre porque sabe que, pese a la aparente mejoría, a su hijo le quedan solo de tres a seis meses de vida, pero que decide ser feliz en ese instante porque puede jugar con su hijo aquí y ahora.

Es un relato muy impactante a pesar de su brevedad. Durante el proceso de visualización y escucha de la historia el cerebro de los participantes liberó dos químicos esenciales en nuestras respuestas neurológicas. El primero es el cortisol, asociado al estrés a partir de ese querer saber qué sigue en el relato. Hay una curva ascendente de tensión en esta primera parte de la narración. En la segunda parte, con el desenlace de la historia, hay una curva de distensión, o tensión descendente, que culmina donde se produce una descarga de oxitocina. Los resultados mostraron mayor o menor capacidad de empatía y capacidad de socializar, incluso con personas desconocidas, en correspondencia con la cantidad de cortisol y oxitocina liberados. Los resultados de la investigación presentada por Paul Zak y su equipo demuestran que:

• *La 'teoría de la mente' hace que nos conectemos con la historia, se despierte nuestra curiosidad y se incorporen nuestras propias emociones.*

• *A partir de crear una intriga toda historia bien contada desarrolla naturalmente una curva de tensión/distensión que genera una descarga empática.*

La intriga-revelación es, podríamos decir, el un-dos de toda historia; la relación binaria de causa-efecto, o estímulo-reacción, que se traduce en la narrativa en una curva de tensión ascendente y otra de tensión descendente. La intriga es una característica muy relevante de toda construcción narrativa y una diferencia esencial respecto a informar de la manera tradicional. Todo relato es un viaje emocional con esta curva ascendente y descendente. En storytelling podríamos decir que el fin último de ese viaje es generar empatía y conexión con la audiencia. Las historias que más se comparten son aquellas que generan esa descarga empática o reacción emotiva en el público. En particular tendemos a compartir más las historias que nos conmueven, nos alegran, nos hacen reír o nos asombran. Pero también el enojo y el interés por ayudar a resolver una situación pueden ser disparadores.

Los creadores de historias en video al estilo de *Gracias, Mamá* tienen muy claro qué emociones quieren provocar en su público y para qué. En toda la curva ascendente se genera la intriga a partir de que vemos a varios futuros atletas olímpicos, desde niños, luchando por lograr metas cada vez más duras y caerse y levantarse una y otra vez. Sin embargo, no es hasta que aparecen los aros olímpicos, en el momento culminante de la historia, que entendemos realmente la razón y el propósito de estas madres e hijos en la batalla por ganar la gloria deportiva. En la segunda parte de la historia ya estamos listos para disfrutar el éxito conseguido paso a paso, el relato nos llena de emoción y nos convida a compartirlo. Nos identificamos con esas madres y esos hijos porque sabemos, entendemos e identificamos lo que sienten a través de nosotros mismos. Y el primer impulso, lo que sigue, es querer compartirla, emocionar a otros con lo que nos emociona. Ahí está el valor compartido.

Estructuralmente, eso se logra creando un arco dramático con un principio, un desarrollo y un desenlace con puntos clave colocados en momentos específicos para mantener el ritmo de la narración y lograr ese *in crescendo* emocional, el interés sostenido y la sensación final de cercanía emocional, la descarga empática que nos hace sentir y vivir las mismas emociones de otro ser humano, o cuando menos identificarnos con ellas y, a través de ellas, con valores compartidos.

La estructura en tres actos

Principio, medio y final por siempre

La manera clásica de desplegar una historia es a través de una división en tres actos o partes: principio, medio y final. Así se ha planteado desde la *Poética* de Aristóteles, y así le llaman los guionistas de Hollywood. La lógica interna de esta división parece indestructible; no obstante, también esta división en tres partes se ha explicado mal, a veces desde la escuela primaria, al confundir el desarrollo con el nudo de la historia, y el desenlace con el resultado. Explicaremos esto más adelante.

En la práctica, el despliegue en tres actos tiene la misma utilidad para hacer una presentación de negocios, estructurar cualquier relato, incluso redactar una tesis de grado y organizar todo tipo de contenido. Cuando nos planteamos la formulación de una propuesta de valor en Visión, Misión, Valores, estamos basándonos en el principio de la estructura en tres actos. Ese es el primer paso para identificar nuestra marca o negocio con una narrativa. Para entenderlo mejor, cambiemos 'Propuesta de Valor' por 'Razón de Ser'. Visión, Misión y Valores serían entonces Quiénes somos, Qué ofrecemos y Para qué/por qué sirve esa oferta, lo que te ofrecemos o proponemos.

Así empezarás a entender mejor la narrativa de tu marca u organización, y tu propuesta de valor dejará de ser algo que llevas en tu gafete o está escrito en alguna parte y no mueve ni conmueve a nadie. Pero más aún, esta estructura, esencialmente narrativa, sirve incluso para desplegar una mejor presentación en PowerPoint —en lugar de una aburrida descarga de datos— para construir entradas anecdóticas en una plática ante cualquier audiencia, e incluso para recoger en una sola imagen una propuesta publicitaria, siempre que esta se acompañe de las palabras adecuadas.

En toda historia se nos presenta inicialmente un personaje protagónico y una situación a resolver, un reto a enfrentar. La decisión del protagonista de enfrentar el reto lleva a una lucha o confrontación, obstáculos a vencer, antagonismos o antagonistas a encarar. Al final de esta lucha, también expresada como trama o conflicto, hay un resultado o resolución y un mensaje, un aprendizaje, descubrimiento o moraleja. De acuerdo con diferentes maestros, épocas, contextos, tipos de historia y público objetivo, la manera de referirnos a estos tres actos puede variar, pero es muy difícil imaginar una historia con un despliegue diferente. Este desarrollo en tres actos se nos podría presentar, e incluso tener un matiz diferente de acuerdo con diferentes autores y propósitos. Ejemplo: Reto, Lucha, Resolución. Planteamiento, Desarrollo, Conclusión, Personaje, Conflicto, Mensaje. Pero sin importar cuál terminología usamos, o qué historias contamos, el despliegue en tres actos es la estructura básica mínima de cualquier historia.

Quedémonos mejor con Principio, Medio y Final por ahora, nos va a simplificar la vida. También la regla de tres —como el número mínimo que establece un patrón— es parte de la estructura de toda narrativa, y su uso tiene implicaciones en el ritmo y el orden en que se despliegan los acontecimientos en la narración. Hay una razón profunda, universal, en este patrón, y más adelante mostraremos con múltiples ejemplos cómo funciona. Pero por lo pronto, dejamos aquí listo el terreno para explorar a través de un ejemplo cómo se cuenta una historia a partir de este despliegue en tres actos como estructura básica de fondo y principio universal del storytelling.

Hazme reír y seré tu mejor aliado

 Si algo impacta, primero generando "morbosas" expectativas para a renglón seguido diluirlas con un inesperado y excelente toque de humor, es la excelente narrativa audiovisual que se desarrolla en el video *Strip Poker*, una promoción de Centrum Silver, de Pfizer. Este relato, que tiene ya varios años y probablemente hayas visto, es un ejemplo además de cómo posicionar una historia en las redes sociales para promover un producto: creando una alianza con tu público para que comparta tu contenido.

> PRINCIPIO: Se presentan los personajes: hay cuatro jóvenes jugando un supuesto *strip poker* (algo así como póker al desnudo en español).

> MEDIO: Uno de los personajes, una atractiva chica, pierde la mano y surge la pregunta y la expectativa de cómo se va a resolver la situación, centrada la atención de todos en su próximo paso mientras hace el gesto inicial de quitarse el sostén.

> FINAL: Descubrimos la verdad que se esconde detrás de las apariencias cuando un enfermero abre la puerta y… no son cuatro jóvenes jugando *strip poker*, sino cuatro adultos bastante mayores que se sienten así de rejuvenecidos y vitales porque tomaron Centrum Silver.

Contar la historia en un tono de comedia es también parte del propósito: compartimos la historia de Centrum Silver porque nos hace reír y nos genera una reacción positiva más allá del mensaje y su emisor. La comedia es muy utilizada en los videos sociales y, por supuesto, en toda suerte de entradas anecdóticas en alocuciones en público para romper el hielo, establecer una conexión emocional temprana con la audiencia.

Diseño de historias

Además de un Personaje, (Quién) —o un grupo de personajes— que enfrenta una situación o Conflicto que deberá resolverse (Cómo) que a su vez nos llevará a un Resultado y un descubrimiento (Qué) también hay un Porqué en las historias, que puede declararse o no, ser o no parte del relato, pero es la razón esencial para contarlo.

Quién - En toda historia hay un personaje humano o humanizado. Puede ser un robot, como Wall-E, o una empresa de la que hablamos en plural. Este personaje desarrolla sus actividades cotidianas en relativa armonía, en un entorno positivo, satisfactorio, o cuando menos estable. O sea, lo más cercano a nuestra rutina diaria.

Hasta que un evento determinado altera ese entorno. Un cambio gradual o drástico impacta en ese día a día que llamamos en storytelling mundo ordinario, un *statu quo*; o sea, 'así estaban las cosas', el Érase una vez… de los cuentos tradicionales, que llega casi siempre seguido del *hasta que un día…* Este cambio o alteración del estado de cosas, un accidente, una enfermedad, el crecimiento de la competencia o el alza de precios de una materia prima pueden representar una amenaza para la supervivencia de la persona o la empresa.

Cómo – Entonces el personaje se plantea resolver el problema de un modo u otro, hallar una solución al reto presentado. Ante la disyuntiva del personaje de enfrentar el dilema planteado, surge el cómo hacerlo. Viene una respuesta inicial y la acción del protagonista detona una confrontación y/o avances hacia un desenlace. Tendrá que enfrentar una serie de obstáculos o antagonismos para nivelar la situación, restablecer el equilibrio y regresar a un nuevo estado de armonía —que nunca será el mismo, por supuesto, porque hay una experiencia que de algún modo dejará una huella— y esta confrontación lleva a alcanzar una meta en una acción final que a partir de aquí llamaremos desenlace.

Qué - El desenlace nos llevará invariablemente a un resultado (el desenlace y el resultado están indisolublemente unidos, pero no son lo mismo). El resultado nos permite acceder a un nuevo estado de cosas. Alcanzamos, logramos algo. Y la experiencia nos transforma de una manera u otra. Nos deja una enseñanza más allá del resultado mismo. Esa enseñanza es el mensaje que queremos compartir. A partir de la experiencia narrada no solo tenemos un valor creado, nuevo, diferente, sino un resultado en el que creemos, porque ya sabemos cómo llegamos aquí. Así, podríamos decir que en general las historias muestran para demostrar.

Por qué - El porqué está antes y después de la historia, aunque no sea el mismo al principio que al final. Léase 'para qué' y se entenderá mejor: para qué te cuento esta historia. La experiencia compartida tiene que ser relevante para la audiencia y transmutarse en un llamado a la acción. A su vez, este llamado a la acción puede expresarse o no en la historia, pero es el fin al que nos dirige, hacerle saber a la audiencia: *esta historia es tuya, también te puede pasar a ti*; como experiencia humana también te pertenece, ahora que la conoces también es parte de tu vida. En storytelling, como estrategia de comunicación de negocios, no contamos historias para hablar de nuestra empresa solo porque sí, sino para añadir valor a lo que hacemos y ofrecemos, a nuestros productos y servicios percibidos desde —o relacionados de algún modo con— nuestra experiencia de usuarios.

Una Navidad diferente con Campofrío

Hay muchas maneras de integrar las historias en tu estrategia de comunicación. En noviembre de 2014 se incendió una fábrica de Campofrío, la famosa empresa y fábrica española de alimentos cárnicos procesados. La planta de Burgos daba trabajo a un millar de familias. En 2016 Campofrío puso de vuelta a sus trabajadores en la nueva fábrica. Y consciente de lo valioso de su gesto contó la historia, un homenaje a sus trabajadores mediante un video que arranca con una acción encaminada a devolverles la confianza y la esperanza después de un accidente de dimensiones trágicas. La acción específica se encamina a motivar al público interno, pero el contar la historia se enfoca sobre todo en el público externo, en generar empatía entre clientes, consumidores y usuarios en general. Así, literalmente, la historia de Campofrío no acaba ahí. Más bien empieza.

Campofrío ha levantado siempre el ánimo de los españoles en su campaña navideña. Pero en la Navidad de 2014 ocurrió lo que nadie esperaba: "Un incendio arrasa la fábrica de Campofrío en Burgos. Más de mil familias dependían económicamente de esa fábrica".

Narrador: *"Nuestra fábrica de Burgos fue arrasada por el fuego. Y con ella, la vida de cientos de trabajadores. "Mil quinientos empleados se enfrentan ahora a un futuro incierto",* anuncian los medios.

"Los manuales anticrisis aconsejan en estos casos no alzar la voz",

dice Campofrío. *"Pero nosotros decidimos no callarnos y decir a los trabajadores lo que necesitaban escuchar. Les mandamos una carta. Y algo más. Un ladrillo no. Cientos. Tantos como trabajadores había en la fábrica el día que se quemó".*

José Valvé, presidente de Campofrío firmaba la carta que acompañaba al ladrillo, con el nombre de cada trabajador.

"El pasado 16 de noviembre fue uno de los días más tristes de mi vida, y sé que para ti también. Ese día vi cómo las llamas arrasaban tu fábrica… Ese día nuestros trabajos, nuestros sueños y nuestras vidas se redujeron a cenizas. Pensarás: ¿Y a qué viene el ladrillo que me envían junto a esta carta? Hoy sabemos que el secreto de las construcciones romanas, es que contienen cenizas. Que las hace más duraderas. Por eso hemos recogido las cenizas de nuestra vieja fábrica, y con ellas hemos hecho una nueva serie de ladrillos. Uno de ellos es el tuyo. Esta carta también es una invitación para que vengas a colocar tu ladrillo el día que empiece la construcción de la nueva fábrica, donde tendrás tu puesto de trabajo. Una fábrica que se habrá levantado con la ceniza de la anterior, y el apoyo de todos, que la hará indestructible".

La reapertura de la fábrica dos años después fue recibida por todos como un triunfo de la gente, y se granjeó los aplausos de toda España, incluso el presidente español, Mariano Rajoy, estuvo presente y dejó su mensaje: "Campofrío es un ejemplo de cómo se superan las dificultades". Haciendo referencia a la interrupción de sus festejos navideños y la campaña promocional con que recibían la Navidad cada año, el llamado a la acción final convida al optimismo y a generar seguridad y confianza: "Ahora, más que nunca, que nada ni nadie nos quite nuestra manera de disfrutar la vida".

Para las empresas que han abrazado su historia y la incorporan todo el tiempo a la narrativa de su marca es más fácil ver la oportunidad de remarcar sus valores y compartirlos, y de emocionar e inspirar a su audiencia. Por eso Campofrío no iba a permitir que su gesto pasara desapercibido, y a partir de la tragedia hizo una activación para que su buena voluntad no se quedara como comentario de la casa y que se enterara el mundo.

La marca sabe que tiene una historia de valor y considera importante involucrar a todas sus audiencias. La cuenta en un video, no ya para quienes la vivieron, los mil quinientos empleados de la fábrica –donde trabajaban hasta tres generaciones de una familia–, sino también para los consumidores y usuarios, para quienes compran el jamón serrano y el chorizo de Campofrío.

Aquí, subrayamos, estamos ya en el porqué de la historia: por qué y para qué la organización planea contarla, compartirla. Y que la compartamos. Diferentes áreas de la empresa tienen que trabajar en conjunto para producirla y devolver al público un recordatorio de su Razón de Ser con base en compartir valores humanos, que es lo que hacen las mejores historias.

"Houston, tenemos un problema"

En 2018, trabajé con Sigma Alimentos con asesorías y cursos para su personal de ventas, mercadotecnia e innovación. El gigante mexicano había incorporado con éxito a la española Campofrío en la línea de sus productos de alta gama. El crecimiento de Sigma en veinte años ha sido estable, con presencia en varios países, incluido Estados Unidos y Latinoamérica. Pero en la última década la percepción de los alimentos procesados en general, y de los productos cárnicos en particular, se ha ido deteriorando día con día en todo el mundo. Un cambio cultural reclama comer sano y exhorta al público a dejar de comer salchichas, salamis y chorizos.

Ante esta situación, Sigma se enfocó con ahínco en desarrollar líneas de productos más sanos. Y a promover dentro y fuera de la compañía una profundización de una cultura de innovación constante para enfrentar la cambiante realidad del mercado.

Como parte del trabajo, realicé varias visitas a sus nuevas oficinas y pude apreciar las implicaciones de ese cambio de cultura corporativa, estratificada y piramidal, en una más colaborativa y flexible. Una preocupación legítima de sus líderes era que el cambio de cultura se diera desde adentro, que todos los empleados la entendieran y la promovieran y participaran de manera consciente y activa en comunicar esa visión. A veces, eso hace la diferencia entre las empresas exitosas y las que no lo son. Esa consciencia de ser, esa búsqueda constante de actualizar los valores a través de una narrativa de la organización. Cuanto más consciente estén todos de los valores que aportan, y del propósito de su empresa, mejor van a contribuir a difundirlos, compartirlos y derivar bienestar de su sentido de pertenencia a la organización.

A medida que la exigencia de una dieta más sana se convierte en una narrativa de actualidad, empresas como Sigma se ven obligadas también a una actualización en su propuesta de valor. A revisar su visión y su misión y adecuar y alinear sus mensajes y su propia narrativa a las nuevas circunstancias e intereses del público. En un mundo donde la única constante es el cambio, más que nunca la innovación es el motor de crecimiento de empresas y organizaciones, y la necesidad de repensar la manera en que nos presentamos ante nuestro público realza también la necesidad de que hablaba Steve Jobs de "ser muy claros sobre lo que queremos que sepan sobre nosotros".

Reto, Lucha, Resolución: protagonista vs antagonista

Como ya explicamos, lo primero que se presenta en un relato es un personaje alrededor de quien gira la anécdota central de la historia. Pero personaje no tiene que ser humano, puede ser un robot, como Wall-E, o un delfín, y hasta un grupo de átomos convertido en niño gracias a la magia de IBM. Sea quien sea, la audiencia sentirá a nuestro protagonista como un personaje humano o humanizado a través de la experiencia compartida. Y para que una historia tenga protagonista se requiere del antagonista, antagonismos, una situación a enfrentar, un rival o enemigo a quien derrotar, el problema a resolver. *(Sí, el villano de la película. Ya sabes quién).*

Acto 1: Reto

En el planteamiento inicial de la historia o argumento debe haber un claro llamado o reto, una acción o evento específico que mueva al personaje a reacciones encaminadas a lograr una meta, un objeto de deseo, un logro u objetivo a cumplir. En el momento en que aparece ese llamado, el personaje principal se convertirá en el protagonista. Sus acciones enfrentarán a uno o varios antagonistas, el tiempo, la distancia, otros seres humanos y hasta sus propias limitaciones.

Acto 2: Lucha

El enfrentamiento del protagonista con antagonismos y los obstáculos a vencer está en el centro de una lucha, confrontación o conflicto. Ejemplo: Protagonista vs Enfermedad; Protagonista vs Burocracia; Protagonista vs. Prejuicios; Protagonista vs. Desastre natural. En cualquier caso, el protagonista puede enfrentar estímulos externos o internos, incidentes o accidentes que le cambian la vida o alteran su entorno. Ejemplo: Si quiere conseguir a la chica de sus sueños, probablemente los conflictos a resolver tengan que ver más con su inseguridad, timidez o miedo al desempeño. Pero también tendría que recorrer distancias, estar a tiempo, y empaparse bajo la lluvia para llegar a una cita. Lo importante a subrayar aquí es que sin conflicto o enfrentamiento y avances sobre los obstáculos no hay historia, porque no hay transformación, ni nada que descubrir, ni mensaje final que transmitir.

Acto 3: Resultado

Pero tampoco hay conflicto sin resultado, el punto al que queremos llegar con la historia. El resultado completa el viaje, evidencia la razón de ser contada. Y esa razón o razonamiento nos deja a las puertas de una reflexión final, un aprendizaje, un mensaje. Para llegar aquí hemos contado la historia, es así como el mensaje cobra significado y se valida. Las historias muestran para demostrar, y para que lo demostrado se quede con nosotros. Más allá de entenderlo e identificar el mensaje, sentimos con el personaje la necesidad de revelar una nueva verdad o discernimiento de los hechos, y que el resultado nos lleve a una conclusión. Ahora sabemos juntos algo nuevo, compartimos las vivencias y las convertimos en experiencia, aprendizaje, mensaje que involucre a otros, y cuanto más convincente e inspirador, mejor.

Más allá de los tres actos: personaje, relato, mensaje

La estructura en tres actos, ya nos habremos dado cuenta, subyace en cada historia de una forma u otra. Podríamos decir que es el planteamiento básico. Pero si calamos un poco más profundo, veremos que esta estructura puede expresarse o distinguirse de múltiples maneras. El énfasis de la historia puede recaer en el personaje, en sus acciones o en el mensaje final. Hay narraciones sobre héroes, al estilo de Hércules, en que terminamos por olvidar cómo lograron sus triunfos, pero no al héroe en sí ni a lo que representa. Hay otras donde las peripecias del viaje, las aventuras vividas, se quedan para siempre con nosotros; se centran más en el acontecer y las múltiples interacciones entre sus personajes y circunstancias. Y finalmente, hay relatos que parecen construidos para dejarnos una gran lección de vida, con un final, un cierre sin el cual todo el relato por sí mismo no tendría mayor significado.

Planteado de otra manera y enfocándonos más en la narrativa de marcas y organizaciones: en cierto tipo de historias el personaje como individuo no es tan relevante. Puede ser la humanidad en pleno. También sucede que el entorno o contexto es lo más importante, más que una figura destacada. Desde el momento en que Steve Jobs anuncia "Vengo aquí a contar tres historias de mi vida", nadie duda de la relevancia del personaje respecto a la historia que se cuenta.

En otros relatos, cuando el énfasis está por ejemplo en la misión a cumplir, la atención se centra en la manera de vencer los obstáculos y muy probablemente en el trabajo en equipo para lograr una meta. Aquí los hechos son más centrales en la narración que el personaje que los ejecuta. En la historia de Campofrío la pista que seguimos es la del ladrillo, de mano en mano. En el ladrillo se esconde el porqué de la historia, los personajes son muchos, todos los empleados de la fábrica.

Finalmente, hay historias en las que los personajes y sus acciones solo adquieren un verdadero significado por el mensaje que nos dejan, pueden ser incluso personajes anónimos, sin nombre o esencia en sí mismos. Es el caso de muchos comerciales que terminan con una *"punch line"*, un mensaje de una oración que da un vuelco considerable a la historia al final, como el comercial de frijoles *Haynes Baked Beans; Not for austronauts* en sus diferentes versiones hasta la de King Kong contra Godzilla en 2021. *(Spoiler: el relato concluye con un sonoro pedo).*

En las mejores historias de Google, Apple, Coca-Cola y otras marcas líderes en storytelling, el mensaje se despliega o construye a través de toda la historia. Al final está ahí, a la vista; queda al alcance de todos, perfectamente discernible, como para que lleguemos a presentirlo y sentirlo, incluso antes de que podamos entenderlo del todo. Cuanto mejor elegimos el personaje, y relatamos sus avances hacia una meta, mejor y más contundente será el mensaje. Generalmente el mensaje de la historia no se declara al final así nada más —aunque pueda suceder en cierto tipo de tramas, como la comedia—, se construye paso a paso a través de la narración, y adquiere todo su significado por medio del personaje y el relato.

En el primer acto describimos más. Planteamos un entorno y plantamos al personaje en él. En el segundo, mostramos más, contamos los avances en pos de una meta. En el tercero declaramos y, si es necesario, aclaramos el desenlace. El propósito de la historia, por qué y para quién la contamos, cuando esta se alinea con objetivos de negocios de mi marca u organización, y el público al que va dirigida, determinan en gran medida cómo se construye, dónde ponemos el énfasis, y hacia dónde queremos dirigir a la audiencia. A esto llamaremos diseñar la historia. A su vez, este diseño está determinado por el propósito, el objetivo a cumplir.

Del éxito del producto al de los productores

Esta mujer tiene 47 años, vive sola con su gata y, confiesa, nadie la ha besado nunca. Es, a todas luces, una mujer sin atributos. Pero guarda una *esperanza humilde*, quiere "ser cantante profesional". Y se inscribe al concurso televisivo "Britain's Got Talent". Se presenta y los jueces le disparan las preguntas de rigor. Hay un evidente dejo de incredulidad, por no decir de manifiesta burla, ante la pretensión de la concursante. Entre el público asistente parece haber un verdadero rechazo hacia esta mujer sin gracia cuando anuncia que quiere ser tan grande como Elaine Paige. Finalmente, entre la duda y el descrédito, canta. ¿Y que cantará? Pues nada más y nada menos que *I dreamed a dream*, el tema principal de *Los Miserables*. Y ya, nada que hacer… ¡Qué comience el show!

Solo que el show va más allá de lo que esperan el público y el jurado, y la cantante da un verdadero recital de talento, tiene una voz excepcional y un estilo único. Los aplausos se disparan desde las primeras notas, y los rostros de los jurados se iluminan con fingido asombro… Desde su entrada en la competencia, Susan Boyle se convirtió en una celebridad. A su vez, su éxito contribuyó a que el programa mismo fuera conocido y seguido en todo el mundo a través de internet, sobre todo en YouTube, donde *I dreamed a dream* suma casi 300 millones de vistas en todas sus versiones.

Es muy fácil distinguir los tres actos en el diseño del programa televisivo: 1. Se presenta primero al protagonista, sus aspiraciones y el reto que enfrenta; 2. Somos testigos de cómo lo hace y de la manera en que termina por imponerse su voz y su talento interpretativo; 3. Al final de su interpretación llegamos con el jurado a un veredicto y a un mensaje.

El entorno o contexto es el programa en sí mismo, basado en crear historias de sus personajes y acompañarlos en el proceso, generar conexión con el público hacia ciertos concursantes cuyo talento y proyección respaldan, y sobre los que se construye la historia. ¿Para qué? Para generar empatía hacia ellos, y atraer y cautivar a la audiencia, ya sea quienes están presentes en el evento en directo, llenan el teatro o participan en la competición con su voto, o los millones que siguen el programa a través de Internet y las redes sociales.

Cuanta mayor empatía se genere hacia el personaje más seguidores habrá, el programa será más reconocido, y el número de votantes será cada vez mayor. Britain's Got Talent, y cada vez más versiones del programa en todo el mundo, están construidos con base en historias emotivas y absorbentes alrededor de sus personajes-concursantes.

Podrías pensar que, por la naturaleza del programa mismo, el storytelling funciona aquí a las mil maravillas, que el show está diseñado precisamente a partir de ir develando esas historias de los artistas, y es perfecto para un programa de concurso y para la televisión, pero no te sirve como modelo para tu empresa o negocio. La verdad es que cualquier negocio o empresa, la tuya también, incluso tu marca persona, puede generar una conexión a nivel humano y crear protagonistas, sin importar el tipo de producto o servicio que provea o la causa que promueva.

Visión, Misión, Valores = Quién, Cómo, Qué

Tradicionalmente, la Propuesta de Valor de una empresa u organización se ha presentado en términos de Misión, Visión y Valores. Muchos estrategas de negocios se preguntan hasta el día de hoy qué va primero. Internet está llena de esa pregunta, y hay todo tipo de respuestas, cada cual más imprecisa. Empezando por ahí, el storytelling podría ayudarnos a organizar mejor nuestro discurso. Si toda historia tiene un *quién* que enfrenta un *cómo* para llegar a un *qué/porqué,* en términos de una propuesta de valores estratégicos de tu marca u organización esto significa tener una *Visión*, que se traduce en una *Misión*, que nos llevará al final a compartir determinados *Valores*.

Lo primero es la Visión del personaje, el protagonista, el líder, o el usuario, lo que pretende alcanzar, sus sueños, sus aspiraciones. Toda empresa, grande o pequeña, empezó con una Visión convertida de repente en una Misión: un par de jóvenes locos trabajando en su garaje para hacer una nueva computadora, o tocando música en su cochera, o haciendo cohetes cuando eran niños, a escondidas, y soñando con la conquista del espacio. Así surgieron Apple, Netflix o la última aplicación para saber cómo se llama esta pieza de música que escuchas por primera vez. Hay un deseo, una necesidad humana a la que responder, un vacío que llenar, un sueño a realizar.

Convertir esa visión en una realidad, o más, en un negocio, implica aterrizar ideas, identificar objetivos, definir presupuestos y mucho, muchísimo más, como sabe todo aquel que ha iniciado cualquier emprendimiento. Se trata de cumplir una Misión. ¿Y cuál es el objetivo final de la Misión? Crear y compartir valores con un público objetivo, con otros seres humanos. Ya sea diseñar ropa deportiva, un buen vino o maquinaria agrícola. Valores son lo que creamos, como también valores son aquello en lo que creemos. Las mejores empresas o proyectos empezaron con esa urgencia de crear algo de valor y compartirlo con los demás. Y creamos un valor porque creemos en él, en lo que aportamos.

Pero el noventa por ciento del personal de las empresas con las que he trabajado no conoce la Visión, Misión y Valores de su organización, no la entiende, o incluso si la lleva prendida en su gafete, y puede repetirla de memoria, no es una guía puntual para entender y sentir lo que hace en su día a día. La realidad es que la manera en que se plantea casi siempre esa propuesta de valor no invita a los miembros de la organización a sentirse realmente identificados y conectados con ella. A veces son verdaderos galimatías que nos dejan la impresión de un trámite que había que cumplir. Para saber qué historias contar sobre quién soy, qué ofrezco y por qué importa, lo primero que tengo que hacer es entender mi propuesta de valor. Si esta no me dice nada, lo primero es cambiar el término Propuesta de Valor por Razón de ser. Así, mi Visión, Misión y Valores, cambiarán a Quién Soy, Qué Ofrezco, y Por Qué importa.

Contamos historias porque tenemos valores que compartir. Cada historia que contamos o creamos como empresa u organización debe estar enfocada a resaltar y compartir esos valores, tanto prácticos como éticos y estéticos. Creemos en lo que creamos, creamos porque creemos. Hacer storytelling es dar significado a esos valores, inspirar a través de ellos, motivar acciones. La Visión es lo que queremos alcanzar, la Misión es cómo lo vamos a lograr, y los Valores son para Qué, lo que queremos crear en sí.

Hasta hoy se recuerda la célebre convocatoria de Apple en su publicidad de *1997, Think Different,* y la famosa frase de cierre: "Porque quienes están tan locos para creer que pueden cambiar el mundo son quienes lo cambian". Sí, mucho ha cambiado en nuestro mundo desde entonces, y hay que reconocer que Apple ha sido uno de esos grandes agentes del cambio. La humanidad en pleno ha entrado en una fase de despegue —aunque no sepamos realmente hacia dónde vamos—, pero el mensaje, y la estructura del mensaje en sí, tienen y tendrán siempre la misma vigencia: seres humanos con una gran Visión se han embarcado en las más grandes Misiones para crear y compartir Valores que mueven a la humanidad hacia delante. Y han dejado su huella, su MARCA.

La Misión de Dove

El video *Real Beauty Sketches* [Bocetos de belleza real] de Dove, una 'supermarca' de Unilever, fue subido a YouTube y promovido el 14 de abril de 2013. Una semana después tenía más de 15 millones de vistas y en 10 días llegaría a 30 millones de reproducciones en las redes sociales. Después de casi medio siglo en el mercado, la evolución de Dove se inició en el año 2000, cuando Silvia Lagnado, directora global de la marca, lideró una investigación de mercado a nivel mundial sobre la percepción femenina de la belleza y el manejo de su iconografía en la industria. Los resultados revelaron que solo 2% de las mujeres se consideraban bellas. Derivado de ello, se creó una nueva estrategia publicitaria que Dove concibe como una *mission strategy*, o sea, una estrategia centrada en la misión de la marca: "Hacer que la mujer se sienta bien en su piel, contribuir a crear un mundo donde la belleza es fuente de autoestima y no de ansiedad".

Desde el inicio, la campaña en favor de lo que Dove llama "belleza real" atrajo la atención y el debate de millones de personas. Pero el impacto de esta orientación de la marca no se haría notar a gran escala hasta el año 2005, con el lanzamiento de la campaña *Evolution*, cuando aún no existían las redes sociales como las conocemos hoy y YouTube apenas comenzaba. Durante esos primeros cinco años de cambiar su imagen, Dove utilizó sobre todo espectaculares y *spots* publicitarios en televisión y medios tradicionales para sus campañas. A través de ellos ponía el énfasis en la "belleza real" y en un punto de vista propio, un diferenciador respecto a la competencia y la industria toda, un cambio de paradigma con otro *insight*: no se trataba de que "las mujeres se sintieran más bellas, sino de que más mujeres se sintieran bellas". No fue sino hasta 2006 cuando el video *Evolution* fue subido finalmente a YouTube, que los mensajes de Dove empezaron a tener un impacto global. YouTube, una de las primeras redes sociales, había sido creada en 2005 y al año siguiente fue comprada por Google.

Para llevar su mensaje al mundo entero, a partir de ahí Dove se basaría en otra evolución y cambio de paradigma que estaba ocurriendo a la par: la consolidación de Internet, el surgimiento de las redes sociales y la consagración del video social como la norma del mercado publicitario. Una norma que se centraba cada vez más en contar historias que comunicaran mejor la Visión, Misión y Valores y generaran la mayor interacción posible con el público objetivo.

Las campañas de Dove, el video social y el storytelling evolucionaron a la par, en la medida en que Internet y las redes sociales terminaron por crear un espacio global de comunicación entre marcas, organizaciones y usuarios de todo tipo, incluidos los medios tradicionales y los nuevos medios digitales. Campañas como *Real Beauty Sketches* ayudaron a definir el concepto de video viral, y a que marcas y organizaciones empezaran a poner el storytelling, o sea, contar historias enfocadas a compartir valores, en el centro de su comunicación como en *Real Beauty Sketches: "Eres más bella de lo que crees"*. Habría que añadir que, al igual que el mencionado ejemplo, *Evolution, Onslaught,* y casi todas las historias creadas para las campañas de Dove por la agencia de publicidad Ogilvy & Mather tienen un sencillo planteamiento: se presentan los personajes, se desarrolla visualmente una idea central, y se plantea un mensaje muy claro y específico escrito al final.

Al centrarse en la misión, las historias no tienen un protagonista o héroe individual con nombre y apellidos, sino mujeres, de forma genérica, su percepción de la belleza, y cómo ésta impacta en su autoestima. Cada campaña con un propósito específico y un mensaje explícito. Dove privilegia el desarrollo de una visión a través de una idea desarrollada en una historia, y cómo esta se alinea con la misión de la marca y sus objetivos de negocios.

La marca, el usuario, la conversación

En storytelling de negocios hay tres grandes grupos de historias a partir del personaje central: las que narran experiencias de usuario (el usuario como protagonista), las que narran acontecimientos de la marca, quienes la construyen, su día a día (fundadores, colaboradores y clientes internos como protagonistas) y las que gestan y promueven la conversación e integración entre ambas partes y resultan de estas (quienes construyen la experiencia de usuario como protagonista). Estas últimas contienen mucho de eso que para mí es el *'storydoing'*, del que hablaremos más adelante.

Pensemos ahora en la palabra 'marca' en su sentido original: marcar, dejar marca, dejar huella. ¿Qué organizaciones o empresas han dejado una huella en tu vida, una marca? ¿Qué tan relevantes fueron o son en tu día a día? ¿De qué modo? ¿Puedes relacionarlas con una experiencia? ¿Te recuerdan a alguien, tus hijos, amigos, pareja, palabras como Gansito, Coca-Cola, Nike, Nestlé, Levi's o Chanel? ¿Te remite a alguna marca la palabras cereal, *hot cake, blue jeans,* producto orgánico, revista, cine? ¿Te hablan de un estilo de vida hoy alimentos como la moringa, la maca, la quinoa o el yogurt griego? *(Es probable que en unos años algunos de ellos ni los recuerdes, pero ese no es nuestro asunto aquí y ahora).* Sin lugar a dudas, consciente o no de ello, las imágenes que vinieron a tu mente de manera más persistente se relacionan con una experiencia de vida, recurrente o no, pero que dejó una huella, una marca. Cuando contamos historias lo que queremos es eso: dejar marca, dejar huella, un punto de contacto que establezca la conexión humana.

Eso es lo primero y el sentido profundo de contar historias: conectar a nivel humano. Como marca u organización queremos que esa conexión sea de largo plazo, para siempre. La publicidad tradicional, repetitiva, intrusiva y muchas veces incluso fastidiosa, que nos invade por todos lados, siempre se ha centrado en la idea de estar *top of mind* (en su mente) con su público e influir en su impulso y decisiones de compra. Ese tipo de publicidad se ha centrado generalmente en promover el producto o servicio, no la experiencia de usuario. El marketing emocional hoy, basado en contar historias, hacia adentro y hacia afuera de tu organización, y dirigido tanto al público interno como para las audiencias externas, nos dice que ya no basta con estar en la mente de tu público objetivo; hay que llegar hasta su corazón y sus emociones si queremos ser relevantes.

Marcas, redes sociales y storytelling

Como hemos visto, los anuncios comerciales en internet y las redes sociales en las últimas dos décadas se convirtieron en un modelo de storytelling con que las marcas y organizaciones inician y promueven no solo sus productos y servicios, sino la interacción y la conversación con las audiencias. Cada cual lo hace a su modo. He aquí tres ejemplos que ya pueden considerarse clásicos.

La inspiración de Nike

Los mensajes publicitarios de Nike son un ejemplo muy puntual de cómo poner en el centro al consumidor a través de *re-crear* la experiencia de usuario. Sus relatos se enfocan en inspirar y motivar a su audiencia y se basan en el empoderamiento y el llamado a la acción. Tú también puedes, *Just Do It*, solo hazlo. Puede inspirarte a través de una celebridad como Cristiano Ronaldo, Michael Jordan o Lebron James, pero también a partir de la gente común, con la que cualquier público se puede sentir identificado. Ese es el caso de varias historias con llamado a soñar cosas locas o hallar tu grandeza (*Find your Greatness*).

En *Dream Crazy*, Nike presenta a personajes famosos: las hermanas Williams, Eliud Kipchoge y el equipo de futbol estadounidense, entre otros, y personas comunes y corrientes del ámbito deportivo superando sus limitaciones y obstáculos, con un claro llamado a que la audiencia haga lo mismo:

"Si la gente dice que tus sueños son locos, si se ríen de lo que piensas que puedes hacer, mantente así". Porque lo que los no creyentes no

entienden es que llamar a un sueño 'loco' no es un insulto, es un cumplido. No trates de ser el más rápido de tu escuela, ni el más rápido del mundo: sé el más rápido de la historia. No te imagines con el jersey de OBJ (Odell Beckham Jr.), imagínalo a él usando el tuyo. No te conformes con ser linebacker o reina del baile: sé ambos. Pierde 55 kilos y conviértete en un Iron Man... después de haber vencido un tumor cerebral. No creas que tienes que ser como nadie, tienes que ser alguien. Si naces siendo refugiado, que eso no te detenga de jugar futbol, y llega al equipo nacional a los dieciséis. No te conviertas en el mejor jugador de basketball del planeta: sé más grande que el basketball. Cree en algo, aunque ello signifique sacrificarlo todo. Cuando hablen del mejor equipo en la historia de tu deporte, asegúrate de que sea tu equipo. Si solo tienes una mano, no te conformes con ver el futbol americano: juégalo... y al mayor nivel. Si eres una chica de Compton, no solo juegues tenis: conviértete en la mejor atleta de la historia. Así está mejor. Así que no te preguntes si tus sueños son locos, pregúntate si son lo suficientemente locos".

La magia de Apple

En los últimos años, las campañas publicitarias de Apple se han centrado en la noción de que sus productos hacen 'prácticamente magia'. En un estilo más tradicional, vemos cómo el usuario interactúa con los productos de la marca, un iPad o un iPhone, y la realidad se transforma... *prácticamente por arte de magia.* Así, hacer la tarea puede ser la gran diversión con un iPad, y unos audífonos inalámbricos y un iPhone pueden llevar al momento a un mundo de sueños, música, baile y romance en *Holiday – Sway.* Eso significa no solo que cuenten cierto tipo de historias, sino que partan de un tema o tipo de trama específica, de las siete que analiza Booker en su libro, la escapada del mundo real a uno fantástico, donde pasan cosas increíbles, y de vuelta a la realidad. La inserción en ese mundo de fantasía donde eres el protagonista de aventuras únicas, se da gracias a la magia de Apple.

Storytelling vs ¿'storydoing'?

En un taller para cinco personas en le Ciudad de México me confrontó una participante que no estaba a gusto con que la hubieran, al parecer, forzado a tomar un curso de storytelling. Su primer comentario, cuando me presenté, fue que el storytelling ya estaba pasado de moda; su lugar lo ocupaba ya el "storydoing". Me preocupé al momento. El anuncio oficial de la sustitución de una moda por otra, tan a rajatabla, entre otras cosas me dejaba a mí sin trabajo cuando más contento estaba. La invité a que se explicara. De su respuesta más o menos pude discernir que *story-doing*, como lo sugiere la combinación de palabras, es hacer las cosas, y *storytelling* es vivir del cuento. Entendible, pero hay un pequeño problema con esto. ¿Y cómo nos enteramos de quién hizo qué si no hay quien lo cuente? ¿Cómo sabemos quién fue Alejandro Magno, o Steve Jobs y de lo que hicieron sin un *storyteller*, sin alguien que nos relate y nos relacione con sus historias? Ya podemos imaginar la respuesta.

(¿O también necesitas que te la cuente? Primero fue el Verbo, ¿recuerdas? ¿Dónde has oído eso? Te digo dónde, en la física cuántica. No puede medirse nada sin la presencia de un observador, nada existe en tanto no es percibido).

No hay que leer la Biblia, o siquiera ser creyente para entender que primero fue el verbo, desprovisto de todo sentido ritual o religioso, lo que signifique eso. Solo la palabra que nomina legitima la realidad. En tanto no es nombrada, ni siquiera la realidad existe, no tiene forma. Por tanto, sin las historias no existiría nada ni nadie, ni siquiera los libros sagrados para decirnos que primero fue el verbo, y ni hablar de la palabra escrita. El único sentido que puede tener para mí eso del *storydoing* en nuestro ámbito se refiere al tipo de historias producidas a partir de activaciones, que es como se le llama en el mundo de la mercadotecnia a los eventos en vivo en que se busca la interacción directa de la marca con su público. Cuando esas activaciones se crean desde un inicio pensando en contar la historia, podemos hablar de *storydoing*. Son historias producidas donde se gestan eventos y se constituyen en un relato con un resultado que los creadores conocen de antemano, así como saben el impacto que puede tener en su público, las emociones que va a concitar. El diseño de historias a partir de un evento, de crear personajes de ficción, o incluso de nuestro día a día, puede considerarse hoy una ciencia avanzada que toma en cuenta múltiples factores para lograr su objetivo.

Como ya hemos visto, *Mi villano favorito* lidera ese departamento; relatos en los que el usuario es el protagonista, mientras que la marca es el héroe catalítico que mueve a su personaje a cambiar el entorno. Pero no es el único, el modelo es el mismo para el video de Campofrío, o los de Unilever para promover "la belleza real" donde la marca se identifica con su *usuario meta* para contribuir a crear una idea diferente de lo que significa ser bella.

Cada vez más organizaciones desarrollan su publicidad alrededor de una gran experiencia, sea esta creada desde cero o provista por circunstancias ajenas a nuestra voluntad. El incendio de la planta de Campofrío sin duda fue un accidente, y una experiencia amarga para todos sus colaboradores, socios y dueños. Pero descubrir en ello un evento propicio para generar una mayor conexión humana con el público interno y externo fue un ejercicio perfecto de *storydoing*, al gestionar una historia, diseñarla y mostrar a la empresa proyectando sus valores desde dentro y hacia adentro, al ser íntimo, vulnerable, de la organización. Contar la historia es un recurso de humanización, de abrirnos al mundo, hacer de nuestra vulnerabilidad una virtud, aquello que nos fuerza a superarnos y hacernos mejores.

Nudo y desenlace: los camuflados de la historia

En la escuela nos enseñaron que toda historia tiene una introducción, un nudo y un desenlace. Lo que les faltó decirnos quizá es dónde iba cada uno. En realidad, tal distribución de elementos, si la asociamos con la estructura en tres actos, más bien ha generado mucha confusión, como ya dijimos antes. Desechemos este falso trasunto de una vez. Un relato NO se divide en introducción, nudo y desenlace *(no lo vuelvas a repetir jamás, bórralo de tu mente)*. Hay que empezar de nuevo. Si entre cada uno de los tres actos que ya conocemos colocamos el nudo y el desenlace de la historia, veremos formarse otra cosa. A esa cosa, a esa estructura, es lo que llamamos el arco dramático clásico.

Volvamos sobre nuestros pasos por un momento. Dijimos, quizá con otras palabras, que toda historia empieza cuando presentamos a un personaje en un entorno; esa es la INTRODUCCIÓN, planteamiento o *statu quo*. Es ahí donde estamos cuando pasa algo, un evento, una situación a resolver, un reto al que hay que responder, un estímulo psicológico que nos enciende la mecha. Entonces, cuando asumimos y aceptamos que algo o alguien nos reta, y nos planteamos responder al reto, dar una respuesta, contundente o no, una propuesta —más o menos consciente— para resolver el dilema planteado, ahí ya está 'casada la pelea', amarrada; he aquí el famoso NUDO.

Lo que sigue es la pelea en sí, la CONFRONTACIÓN, la lucha del protagonista por alcanzar su meta, restablecer el equilibrio o establecer uno nuevo. Hay obstáculos a vencer y avances. No importa si el protagonista y el antagonista en realidad están enamorados uno del otro desde el inicio. Sin sacrificio no hay beneficio. Sin el esfuerzo por alcanzar el objetivo no hay camino hacia la meta, ni viaje, ni transformación. Y toda historia es en esencia eso, un viaje, transformación, descubrimiento, hacer lo desconocido conocido, revelarnos algo nuevo. Luego llega el momento en que la meta es alcanzada. Como hubo una acción inicial, hay una acción definitiva, que desata el nudo, o sea, un DESENLACE. Este lleva invariablemente a un resultado, una RESOLUCIÓN que contendrá, además de lo obtenido, del objetivo cumplido, una reflexión o revelación, lo aprendido de ese resultado. O lo que es lo mismo: el mensaje. Pues resulta que la historia sigue teniendo tres actos, pero ahora hay cinco etapas claras en su despliegue o desarrollo, la manera en que se van desenvolviendo los acontecimientos.

1. Introducción

2. Nudo

3. Confrontación

4. Desenlace

5. Resolución

Y ahí está, con los tres actos iniciales y el nudo y el desenlace incorporados como puntos de quiebre, ahora tenemos un despliegue o desarrollo de la historia en cinco etapas. Desde que el ser humano tiene conciencia de sí mismo, e incluso antes —precisamente en el proceso de formación de la conciencia— contar historias, hacer lo desconocido conocido, compartir experiencias por siglos y milenios, nos hizo incorporar ese arco dramático de manera inconsciente. Sin importar cuál sea el propósito por el que decidiste leer este libro, entender cómo se crea un arco dramático es nuestro objetivo central aquí, la meta, el objeto de deseo. ¿Por qué? Porque cuando aplicamos de manera consciente esta secuencia al contar una historia logramos como mínimo mantener el interés de la audiencia en el relato hasta el final. Y eso es exactamente lo que queremos, porque es al final donde posicionamos el mensaje de la historia y donde este adquiere todo su significado.

Aparezca o no el mensaje, si la historia está bien contada siguiendo estas cinco etapas, te llevará hasta él. El arco dramático es ese 'Ábrete sésamo' de Alí Babá que nos meterá en la cueva que esconde el tesoro: el mensaje de la historia, lo que tenemos para compartir. Entonces la lámpara mágica es ese arco dramático, y será el protagonista de lo que sigue.

El arco dramático

Habíamos visto hasta aquí que toda historia se estructura en tres actos. Hasta ahora, a propósito, no le habíamos prestado atención a los puntos de quiebre entre esos tres actos, o sea, al nudo y al desenlace. A partir de aquí vamos a ver cómo la distinción de esas transiciones entre un acto y otro son absolutamente imprescindibles para que una historia nos lleve de un inicio a un final del viaje emocional y nos prepare para compartir el mensaje final. Cuanto más queremos lograr que una historia atrape la atención del público de cualquier manera, más importante va a ser que haya un claro nudo y un desenlace evidentes, reales, presentes en la historia.

Los ejemplos que vimos con los anuncios publicitarios de Dove, por ejemplo, están concebidos para hacernos pensar, más que para hacernos sentir, y para ello no se requiere un arco dramático tan marcado; la transición del planteamiento al desarrollo central y al mensaje no requieren un claro planteamiento de nudo y desenlace. Por otro lado, las historias de Coca-Cola o la de Susan Boyle hacen una clara distinción entre la manera en que se presentan los personajes, el reto a enfrentar, el desarrollo hacia una resolución y un claro punto de desenlace que lleva al resultado y a la reflexión posterior sobre la experiencia compartida. A modo de ejercicio, te sugerimos volver sobre las historias que hemos visto hasta aquí y ver si puedes notar esta distinción entre aquellas que tienen un claro arco dramático y las que solo se nos presentan en tres bloques narrativos, o actos, sin transiciones aparentes.

(Y si aún no logras distinguir del todo la diferencia, estamos seguros de que en unas páginas más estarás listo para hacerlo. Y habrás dado un paso muy importante en la noción de por qué storytelling).

El arco dramático clásico consta de cinco movimientos o etapas que se despliegan en un orden prefijado. Hay una introducción o planteamiento inicial (al cierre de la historia es común que haya un planteamiento final que conecte con la propuesta inicial). La introducción puede resumirse en poner a un personaje en un entorno o contexto. De aquí resultan dos elementos esenciales: el personaje y el contexto. En ciertas historias el personaje es lo más destacado; en otras, el contexto o situación destaca más que el individuo. No hay héroes ni protagonistas, sino una situación a resolver. En esos casos partimos de un 'nosotros', la organización, la empresa, la gente o hasta la humanidad en pleno. No necesariamente una historia tiene que singularizarse a través de un personaje, pero sin lugar a dudas, si queremos convocar las emociones, los sentimientos y la empatía en la audiencia, cuanto más personal o singular sea el relato, cuanto más las cosas le pasen a alguien, más emociones genera. Por el contrario, cuando queremos convocar reflexiones, el discernimiento y el desarrollo intelectual de nuestra audiencia, quizá una langosta o unos atunes en un tanque pueden ser el personaje que mejor ilustra el mensaje que queremos transmitir.

En estos casos, simplemente no necesitamos identificarnos con el personaje para entender la situación, y por qué y para qué enfrentarla. Pero en una historia, si es tal, nunca podemos prescindir de una voz narrativa, por lo tanto, siempre habrá un personaje, aunque su identidad quede omitida o se presente de manera abstracta. Así, dado que habitamos el tiempo-espacio, tampoco se puede omitir el entorno o contexto en que ocurren los acontecimientos de la historia. El relato siempre empieza con un *quién*, un personaje que, se plantee o no desde el principio, forzosamente se ubica en un *dónde* y un *cuándo* que pueden ser muy importantes para la historia. En guionismo le llamamos *statu quo*, o sea, un estado de cosas, un principio, un punto de estabilidad, de equilibrio (o desequilibrio) inicial. La introducción lo primero que hace es plantear ese balance sobre el cual hay cierto consenso y que todos reconocen como punto de partida. Lo que sigue es el planteamiento de una situación nueva o diferente que amenaza ese equilibrio. A partir de ese momento, el planteamiento inicial queda como antecedente de lo que va a suceder y de los cambios a enfrentar en el presente.

La amenaza para el entorno se convertirá en un reto para el personaje, la situación a resolver o la incógnita a despejar. En los cuentos tradicionales el *statu quo* se despliega a partir de un "Érase una vez o *Había una vez…*". Situación inicial y movimiento hacia una situación de cambio o amenaza que nos pone ante un dilema. Pero veremos también que la introducción muchas veces se da como planteamiento o premisa general/asunto específico, donde lo primero recrea o resume un antecedente general y lo segundo cierra el lente o se enfoca en el problema específico que terminará convirtiéndose en un reto. Este movimiento hacia un objetivo concreto se despliega muchas veces como un "pero", un "sin embargo" que nos coloca mentalmente al instante en la situación que romperá el estado de armonía y nos hará cuestionarnos el consenso.

Hasta aquí, se puede decir que la introducción de la historia consta de un personaje y un entorno. Hay una situación que el personaje debe resolver o enfrentar. Hasta que un acontecimiento, cambio en el entorno o circunstancia muy concreta, hace patente el reto, la situación que se enfrenta.

Nudo, detonante o reto

Una situación externa o interna amenaza la relación del personaje con su entorno. Puede ser un giro inesperado de los acontecimientos, un devenir o tendencia, o ambos. En cualquier caso, hay un problema o situación a resolver muy concreto. Y que exige ser resuelto. Al responder al llamado, el personaje se convierte en automático en el protagonista de la historia. ¿Por qué? Porque ahora hay un antagonista, o antagonismos, a enfrentar. También hay un objeto de deseo, algo que queremos alcanzar para restablecer el equilibrio en el entorno, o establecer un nuevo equilibrio. A partir de aquí, los acontecimientos que se desarrollan tienen que ver con cómo se va a resolver la situación planteada. Así nos desplazamos hacia el segundo acto.

(Pero detengámonos un momento en el nudo. Veremos que siempre se presenta por medio de un evento específico, una situación concreta, la gota que derrama el vaso, o la evidencia puntual de algo que hasta ese momento no fuimos capaces de ver. También puede ser un simple accidente que pone al desnudo alguna carencia, falla o fragilidad propia frente a nuestro entorno).

Hasta aquí tenemos un personaje y la amenaza allá afuera. Para que la historia despegue necesitamos un hecho concreto que haga palpable la amenaza, una manifestación clara. *Bajamos al río y regresamos con los baldes sin una gota de agua. ¿Qué íbamos a hacer ahora? ¿Cómo íbamos a vivir con nuestro río seco?* Es importante para el ritmo de la historia que el reto a enfrentar se plantee muy claramente a través de un acontecimiento, dato relevante o anécdota concreta. Representa un punto de quiebre o un giro. En la mayoría de los casos, cuando perdemos interés en una historia desde el inicio o no nos enganchamos con ella, es porque no hay un reto palpable, claro, declarado. Por el contrario, cuando el estímulo que detona la historia está claro, también surge la pregunta en la audiencia de cómo se va a resolver la situación; se genera como reacción automática. Queremos despejar la incógnita. El nudo de la historia y la posible solución crean la ecuación mental. ¿Y ahora qué va a suceder? ¿Cómo se va a resolver esto?

Cuando hablamos ante un público activo, una buena manera de plantear el reto es a través de una pregunta. Si esta involucra al público, mejor. Generalmente, en cualquier plática frente a una audiencia, esta pregunta no solo enciende la imaginación y la búsqueda de respuestas entre los presentes, también apela a sus propios juicios de valor sobre cómo resolverían la situación. El problema o situación a resolver en sí misma y la respuesta inicial del protagonista ante un reto específico, la necesidad de encontrar una respuesta, detonan o desencadenan la serie de acontecimientos que seguirá en la historia y nos mueve hacia delante. Todo lo que sigue en el relato, hasta el punto climático o desenlace, es una secuencia de acción-reacción o causa-efecto; un acontecimiento lleva al otro como un camino inevitable, aunque en la vida real pudiera haber miles de respuestas diferentes al dilema. El nudo o detonante tiene entonces también dos componentes, el reto o estímulo y la disposición inicial de responder a ese reto por parte del protagonista. Si el protagonista no se siente llamado a enfrentar la situación, no habrá historia.

No había agua a diez kilómetros a la redonda, así que decidimos…

Decidimos, propusimos, nos planteamos… La reacción más o menos inmediata es responder a la amenaza, una propuesta de solución al reto. Pero, como veremos en el capítulo siguiente, esa reacción inicial será solo el punto de partida de la confrontación o conflicto de la historia. Consideremos aquí, por ahora, para entenderlo mejor, que el nudo de la historia es esa acción-reacción inicial. Muchas veces, en una presentación de negocios sencilla, lo que viene después, el planteamiento de la situación a resolver es una serie de pasos a seguir generalmente planteados en una secuencia de tres para llegar a una solución del problema y una propuesta de solución al final. Sea cual sea la audiencia a la que enfrentamos, para construir un relato con propósito nos hacemos cinco preguntas en un orden bastante fijo en principio.

1. ¿QUIÉN es el protagonista de la historia?

2. ¿CUÁL es el reto a enfrentar?

3. ¿CÓMO lo enfrentamos?

4. ¿QUÉ logramos?

5. ¿POR QUÉ es importante?

Esas cinco preguntas, en ese mismo orden, fijan el fondo de la historia y es difícil en realidad imaginar una narración sin este; mucho menos en el tipo de relatos que creamos en el desarrollo de una narrativa de marca. El modelo funcional que creamos en nueve etapas y que es el objeto del capítulo siguiente es una manera de desplegar el contenido a partir de las respuestas que damos a esas preguntas teniendo en cuenta otro aspecto fundamental para crear un avance emocional y un interés sostenido en la historia. Pero este arco con la forma de una estrella de cinco puntos es la base para orientarnos de norte a sur y de este a oeste, de establecer una primera hoja de ruta, el primer recorrido. A la hora de trabajar en el diseño de una historia volveremos una y otra vez sobre estos puntos para asegurarnos de que toda la estructura sigue ahí, sosteniendo y apuntalando el relato, y continuamos construyendo sobre esa base, añadiendo los pulsos, giros y etapas que consideremos necesarios para el relato, o la reunión de múltiples relatos, episodios y personajes, tantos como pueda haber en *Harry Potter* o *Game of Thrones*. Y con eso, me adelanto a responder ya a una pregunta que siempre me han hecho, desde el primer día. ¿Es igual con una serie de televisión o una película? Es exactamente igual, solo que en esos megarrelatos se mezclan muchos personajes, conflictos y arcos dramáticos.

Una vez que hemos dejado claro el reto que enfrentamos y la solución que prevemos se pueden construir muchos relatos relacionados con la experiencia de usuario que aborden el tema central desde perspectivas muy diferentes y diversas. Por este camino sin duda llegaremos ahí, pero falta un trecho bastante largo. Se empieza por una sinopsis. Las sinopsis de los libros, y los tráilers de las películas hacen eso: resumen el relato a sus partes esenciales para orientarnos sobre lo que va a ocurrir en el viaje. Una diferencia importante entre estos dos tipos de historias, sinopsis y tráilers de películas, consiste precisamente en el propósito que los guía. Una sinopsis informa sin equívocos hacia dónde vamos y lo que se espera lograr; un tráiler evita develar el final y los giros más importante de la trama y el relato. Los dos invitan a leer, ver, vivir la experiencia, a meterse dentro de ella, pero el segundo tiene que evitar los famosos *spoilers*, porque una vez que sabemos el final de una historia una buena parte del interés se pierde, ya sabemos qué nos espera al final del camino. Ver y analizar tráilers de películas es uno de esos ejercicios ociosos que recomiendo. Si el tráiler es bueno, hay muchas más probabilidades de que te quedes enganchado y quieras ver la película. Cuando es un acumulado de escenas espectaculares, como tiende a suceder de un tiempo para acá, es más probable que no te enganche demasiado. En un tráiler se muestran de manera muy sucinta todas las etapas del arco dramático en un gran nivel de detalle.

Veamos un ejemplo: *Beowulf*, la película de Robert Zemeckis que narra la epopeya del héroe homónimo y mito fundacional de la literatura de habla inglesa, como parte de una tradición de origen escandinavo. En el tráiler podemos ver cómo Beowulf, a quien se nos presenta como un guerrero invencible, se enfrenta a un reto sobrehumano: destruir a un monstruo que asola una localidad danesa al otro lado del mar. Se plantea un claro reto y la respuesta del héroe al llamado. Aquí se anuda la historia; literalmente, se prepara el terreno para la acción.

Escena 1: Beowulf navega hacia Dinamarca.

Escena 2: Beowulf mismo nos anuncia la existencia de un monstruo en aquel país, y cómo se ha convertido en una maldición para los daneses.

Escena 3: La reina Wealtheow le hace saber a Beowulf que muchos héroes intentaron antes matar al monstruo Grendel y ahora son solo huesos.

Escena 4: Beowulf declara que él matará a Grendel...

Lo que sigue es el desarrollo de los acontecimientos que ocupan todo el segundo acto de la historia, el centro del relato, donde las cosas, como es de esperar, tienden a complicarse porque detrás del monstruo hay otros, y maldiciones y embrujos, entre los cuales está una creatura llamada Angelina Jolie y un dragón, su nuevo engendro.

Y ahí es dónde pasamos al siguiente capítulo.

Confrontación, conflicto, lucha

El conflicto o confrontación es el eje sobre el que se mueve el segundo acto de la historia. Si el primer acto presenta la situación a resolver, el segundo nos muestra cómo se resuelve, o sea, la lucha del personaje central por alcanzar su meta y los obstáculos que tiene que enfrentar para lograr sus objetivos. Desde esta perspectiva, la manera de plantearnos la estructura en tres actos que ya conocemos es:

1. Personaje (quién)

2. Conflicto (cómo)

3. Resolución (qué)

Aunque usemos el término conflicto o crisis central, el desarrollo de una historia, la confrontación entre el protagonista y el antagonista no tiene que generar un conflicto *antagónico* entre las partes. El conflicto de la historia muchas veces ni siquiera tiene que ver con enfrentamiento entre personajes, mucho menos en la comunicación de negocios. Más bien se trata de la manera en que el protagonista confronta la situación a resolver y los avances hacia el alcance de la meta sobreponiéndose a los obstáculos que en sí mismos representan los antagonismos de la historia, que en muchos casos tienen que ver con enfrentar nuestras propias limitaciones. La tensión interna o externa a solucionar, los obstáculos y antagonismos, no tienen que venir del exterior o de otros seres humanos.

Imaginemos, por ejemplo, que esta situación sea una enfermedad, o alcanzar un objetivo de negocios, o competir en una carrera. En muchas historias el enfrentamiento del protagonista es consigo mismo, sus dudas, sus miedos, vicios, o la necesidad de actuar y pensar diferente para alcanzar su meta. En cualquier caso, lo que no puede faltar en la historia es esa confrontación contra la adversidad, aquello que se interpone entre el personaje y sus objetivos.

Así, el conflicto de la historia, en el centro del segundo acto, se expone casi como pasos hacia delante; el despliegue de sucesos que resultan de querer alcanzar un 'objeto de deseo'. O lo que es lo mismo, los esfuerzos por resolver la situación planteada, aunque solo sea en la mente de la audiencia, el despejar la incógnita, movernos hacia un resultado hasta llegar a entender o prever una resolución y un descubrimiento final. Es importante enfatizar que sin conflicto no hay historia. Los avances hacia una resolución del conflicto, expuesta a través de la confrontación entre un protagonista y sus antagonistas, son el eje sobre el que gira la historia. Pero, como ya hemos dicho, el antagonista no tiene que ser un personaje de carne y hueso. Si el protagonista se enferma o tiene un accidente, como en el caso de Caleb, el antagonista a vencer puede ser solo su trauma físico o mental, no otra persona.

El desarrollo de toda historia se centra así en los esfuerzos por vencer obstáculos o antagonismos y alcanzar una meta, un propósito del que el protagonista puede estar más o menos consciente. A veces el personaje central de la historia ni siquiera entiende el alcance de sus esfuerzos, o por qué y para qué realiza una acción, pero esto puede hacer aún más interesante cualquier relato, porque la audiencia puede ir descubriendo con él hacia dónde lo llevan sus esfuerzos. En otras historias hay un claro planteamiento inicial de cuál es el objetivo trazado y que se pretende demostrar o alcanzar con las acciones de los protagonistas o el héroe de la historia.

Clímax y/o desenlace

Todo relato tiene un punto culminante donde se vislumbra un desenlace. Para algunos autores y narratólogos, desenlace y clímax pueden significar lo mismo, pero todo este asunto resulta un tanto elusivo. El clímax para algunos incluye también la aproximación a ese punto culminante, o sea, los avances definitivos hacia un desenlace.

Para simplificar, sobre todo en el tipo de narrativa breve del storytelling de negocios, donde contamos historias breves con una anécdota central y un arco único (*single-intent stories*) en un artículo o en un video, por ejemplo, es mejor si entendemos el desenlace como la última acción, evento, o acontecimiento que se relaciona con el logro de la meta y que nos encamina hacia el resultado. Así, cortarle la cabeza al dragón es la acción final y definitiva que conlleva a un resultado, pero la muerte del dragón en sí misma no tendría ningún valor si no tuviera un significado mayor: ahora somos libres de la tiranía del dragón, su maldad y sus brutales acciones. El segundo acto de la historia va desde la acción inicial del personaje en respuesta al reto hasta la acción final encaminada a lograr el objetivo propuesto, la meta, alcanzar el objeto de deseo.

Si el personaje cayera enfermo, la acción inicial sería ir a ver al doctor y la acción definitiva sería curarse, lo cual implica, en una historia en video, verlo físicamente levantarse de la cama o de una silla de ruedas y reincorporarse a su vida cotidiana. Esto es muy importante, porque el arco dramático nos exige un claro punto de desenlace en el relato. Esa acción o cuando menos una información clara y precisa sobre ese momento definitivo. Las historias que no tienen un claro nudo y un desenlace pueden hacer que se pierda por completo el ritmo narrativo y se confundan la intención y el mensaje. De manera inconsciente esperamos que el desenvolvimiento natural de la historia lleve a un desenlace. Es incluso probable que el resultado, en el cine o la literatura, por ejemplo, pueda no ser del todo claro, en tanto se espera que el público se termine de contar la historia a sí mismo, y se la apropie, pero no puede faltar una acción o situación con un desenlace. Aunque suene obvio hay que repetirlo: el nudo ata o enlaza el conflicto, el desenlace desata, desenlaza.

Hay mil maneras y fórmulas para explicar este arco dramático. Varían de autor en autor, aunque en realidad la estructura en sí no cambia más allá de la manera de nombrar sus partes. Ciertos autores usan la palabra clímax para referirse al desenlace de la historia de manera general, y aproximación al clímax a los avances anteriores, durante la confrontación. Así, el acto dos se construiría con una acción inicial, un acontecimiento central, y un evento final o lo que sería lo mismo: acción de respuesta al reto, confrontación y desenlace. Pero de nuevo tenemos que enfatizar y dejar bien claro: no hay que confundir desenlace y resultado; están indisolublemente unidos, pero no son lo mismo.

Y una historia que declara el resultado, sin que se manifieste primero un claro desenlace, se nos pierde y se nos cae, nos desconectamos al final, aunque no sepamos por qué. El resultado puede ser muy tangible, un tesoro, un descubrimiento científico, un premio, un nuevo récord olímpico, cifras de mejores ventas o mayor afluencia de público. Pero también puede ser intangible: un aprendizaje, una experiencia inolvidable, una revelación, el descubrimiento del amor, e incluso incorporar ambos, un resultado tangible y uno intangible: el primero puede faltar (no tiene que haber un premio en metálico, por ejemplo), pero el segundo, lo aprendido, no debería faltar o no tendríamos historia. Pero eso ya es parte del último y tercer acto y la etapa final del arco dramático que veremos a continuación.

El desenlace

Red Bull Stratos es una de las campañas de promoción más exitosas en lo que va de este siglo. Son incontables las vistas y las menciones. Red Bull ha hecho decenas de ediciones diferentes del material que muestra el histórico salto del paracaidista Felix Baumgartner desde la estratósfera. En todas las ediciones del video, más extendidas o más breves, y en todos los formatos, el punto culminante del relato es el momento en que el paracaidista, enfundado en un traje de la NASA, se lanza al vacío. En la versión que usé para analizar en mis talleres durante bastante tiempo hay un arco dramático perfecto desde el momento en que se explica la misión en el primer acto, pasando por el despegue del aeróstato, hasta la caída libre del paracaidista más famoso de la historia. En específico el desenlace, la acción final que lleva a un resultado, es el salto en sí, desde que se lanza en el espacio hasta que aterriza sano y salvo en tierra. Y ese desenlace nos lleva a un resultado que hoy tiene toda una entrada en la Wikipedia con muchas cifras y datos sobre el histórico récord. Pero justo en el momento en que Baumgartner se deja caer, yo puedo ver y escuchar las reacciones de la gente. Mientras ven el video con rostros expectantes, yo los observo a ellos. Naturalmente, el desenlace de la historia es el punto culminante de la narración, pero no necesariamente lo más relevante. En este caso, el planteamiento inicial lleva forzosamente a declarar el resultado: un nuevo récord mundial en caída libre. Sin embargo, que Baumgartner haya roto un récord también pasa a un segundo plano. Lo que se queda con nosotros es el momento en que el protagonista se lanza al vacío, y nos hace literalmente sentir ese vacío en el estómago, contener el aliento, como si nosotros mismos estuviéramos ahí, a esa altura.

Resolución y mensaje

El cierre de un relato es esencial para consolidar un mensaje. Hay cierres brillantes que levantan una historia que hasta ese momento no parecía ir a ninguna parte. Pero también hay cierres que echan a perder la historia, la dejan ir, la banalizan o se sienten forzados. Esto último ocurre quizá demasiado porque queremos dejar un mensaje que no ha sido construido paso a paso con la relación de los eventos de la historia. Es lo que hacen muchos comerciales. Y cuando eso sucede, la historia se pierde y nos pierde. Así que pensemos en el final para nuestra historia. ¿Qué debe contener? Lo más común es que escribamos una historia hasta el final, y luego, una vez que tengamos ese final muy claro, volvamos sobre el relato y modifiquemos, sustituyamos o de plano eliminemos partes que ahora no están totalmente alineadas con nuestro mensaje final.

Y así es como debe ser. ¿Por qué? Porque muchas veces el mensaje verdadero de la historia no se nos revela hasta que la historia es contada en su totalidad. Podemos saber desde el inicio el propósito, por qué queremos contarla, la idea controladora, el objetivo final, y aun así la historia se nos escapa una y otra vez y adquiere vida propia. Nadie ha dicho que sea fácil contar historias. Pero sin lugar a dudas, cualquier escritor te dirá que lo más difícil es encontrar una línea de apertura y una línea de cierre, o sea, cómo empezar y cómo acabar. Así que, si descubres que te estás rompiendo la cabeza tratando de hallar el final adecuado, aunque lo tengas todo a la mano y es para ti claro, no te sientas solo. Nos pasa a todos. Incluso saber qué mensaje quieres llevar no garantiza que puedas articularlo fácilmente. El mensaje no debe ser obvio, pero tampoco demasiado abierto o abstracto. El llamado a la acción final puede ser explícito o implícito, o lo que es lo mismo, aparecer o solo quedar sugerido. La fórmula que aplica para algunas historias puede no aplicar para otras. No obstante, hay tres aspectos distintivos que casi siempre van a aparecer en el tipo de historias que contamos en cualquier ámbito, con la idea de transmitir un mensaje.

Primero: Debe haber un claro resultado, qué se logró al final.

Segundo: Es necesaria una reflexión sobre ese resultado. No basta con que sepamos qué se obtuvo al final del relato, cómo terminó la confrontación, sino qué reflexión o mensaje nos deja, qué nos revela y qué aprendimos de todo ello, sea mucho o poco.

Tercero: Esa reflexión debe motivarnos, inspirarnos, contener un mensaje que genere una reacción en la audiencia.

En storytelling lo importante no es la información en sí sino su impacto emocional, generar esa descarga empática que nos mueve a compartir. Esto fuerza siempre a cerrar una historia con un mensaje inspirador que involucre a la audiencia. A veces la reflexión final en boca del personaje es un claro cierre, lo que llamamos la revelación. Otras requieren que forcemos las cosas un poco más allá y hagamos más patente a la audiencia que la historia tiene que ver con ellos y hacer más explícito el llamado a la acción. Pero también algunas de las peores fallas en las que caemos en storytelling de negocios resulta precisamente de forzar demasiado las acciones con propuestas de venta, lemas, eslóganes repetitivos y mensajes corporativos que ya sabemos que no calan a nivel humano, pero que todo el tiempo nos exigen nuestros jefes y clientes. Hoy es muy común que la marca u organización no aparezca hasta el final, cuando la historia concluye. Lo primero es la historia, enganchar con ella, solo después aparece el emisor del mensaje. Si revisamos cualquiera de los ejemplos que hemos visto hasta ahora, con raras excepciones (*sí, ya sabemos quién*), nos daremos cuenta de cómo la marca cede casi siempre el protagonismo a la historia y la experiencia de usuario.

Lo primero es conectar a nivel humano, y lo último, al cierre, sellar esa conexión con un mensaje que nos arranque la risa o la lágrima, o por el contrario nos emocione sutilmente. Lo que no puede es dejarnos indiferentes porque la olvidamos. Y las buenas historias, ya lo sabemos, son las que llegaron para quedarse. Para que esto suceda, el tercer acto debe contener un resultado, una revelación y un mensaje. Como veremos a continuación, estas tres partes integradas, a veces en una misma línea, son la clave de un tercer acto completo y de un cierre perfecto. Así también, en el marketing emocional que usamos en las narrativas de marca, ya sean personales o de empresa, el mejor modelo que hemos podido construir y dejar de guía a nuestra audiencia se atiene a esta regla de tres por tres. Tres actos con tres movimientos cada uno. Y esto nos deja a un paso de cambiar todo y empezar de nuevo. ¿Ahora estamos hablando de nueve etapas? ¿No eran cinco? ¿En qué momento cambió todo?

Mis oscuros propósitos

Saatchi & Saatchi es una agencia de publicidad reconocida a nivel mundial. Este es un dato importante para entender el mensaje de la historia que vas a leer a continuación, y la relación entre el resultado y el mensaje final, el propósito de quien cuenta la historia.

1. *"El transbordador Endeavor viajó 25 veces al espacio exterior"*, anuncia el narrador. *"Cuando lo retiraron, fue enviado en un 747 a Los Ángeles. De ahí, sería transportado al Centro de Ciencias de California en una plataforma de carga pesada".*

2. *"Pero después de haber recorrido 122 millones de millas, la única cosa que el Endeavor no pudo hacer fue cruzar la carretera 405".*

3. *"Houston, tenemos un problema. La plataforma motorizada era demasiado pesada para atravesar el puente".*

4. *"Entonces propusimos remolcarlo con un Toyota Tundra".*

5. *"Pero primero teníamos que convencer a la NASA, a BOEING, a CALTRANS y a la ciudad de Los Ángeles… de que podíamos hacerlo".*

6. *"Anunciamos nuestros planes al mundo mediante las relaciones públicas y las redes sociales. Y la reacción fue inmediata. (CNN: 'El Endeavor va a atravesar el puente; lo van a arrastrar con una camioneta pick-up'). Generamos la conversación en blogs, Twitter y nuestro sitio de internet, y una serie de videos que documentaran el evento. Creamos un drive de Twitter, que obtuvo más de 400 mil dólares para el museo".*

1. *"Estamos viendo en directo al Endeavor, y delante de él hay una Toyota Tundra. Miles de personas están formadas para ver este majestuoso espectáculo. Endeavor, listo; Tundra listo. 3… 2…1. El Endeavor ha empezado a cruzar el puente, y la Tundra de verdad lo está jalando. La multitud está emocionada".*

2. *"Finalmente, Toyota Tundra ha probado de lo que es ca-*

paz, y el transbordador Endeavor ha cumplido su misión
final".

3. *"131 millones de impresiones en Twitter para Toyota.*
   31% de aumento en las ventas de la Toyota Tundra.
   10,000 millones de impresiones no pagadas para Toyota".

Como podemos darnos cuenta, esta historia cierra mostrando los resultados de la campaña realizada por la agencia publicitaria. El mensaje no se expresa de manera explícita, queda implícito. Las cifras que aparecen al final hablan del buen trabajo de la agencia con su cliente, Toyota, y son una invitación a contratar sus servicios. El mensaje, expresado, sería: Esto hicimos por Toyota; ¿te imaginas lo que podemos hacer por ti? O sea, es una invitación implícita a que contrates los servicios de la agencia sin un llamado a la acción explícito. Precisamente, las mejores historias en el ámbito que nos compete no son aquellas que imponen la venta o buscan a toda costa la conversión, sino las que nos inspiran y motivan, nos conectan emocionalmente y nos dejan la experiencia compartida.

Este relato, la manera en que está construido, y conocer el emisor del mensaje, nos permiten abundar aquí sobre la relación entre protagonista y héroe de la que ya hemos hablado. Y cómo el propósito final es lo que determina la orientación que damos a la historia. Si nos enfocamos en la narración pareciera obvio que el protagonista de la historia es el *Endeavor* y el héroe es Toyota. Hasta aquí todo bien, porque la historia, en apariencia, y solo en apariencia, es sobre el Toyota Tundra. Pero cuando lo pensamos dos veces, entonces aparece un nuevo dúo dinámico, una historia oculta tras la primera, en la que el protagonista es Toyota y el héroe es Saatchi & Saatchi. ¿Cómo lo sabemos? Por el resultado cifrado en números, o el mensaje planteado en cifras. Es un ejercicio interesante. Siempre que presento el video no doy ningún antecedente sobre el emisor del mensaje. El público generalmente no sabe quién cuenta la historia y es fácil creer que el narrador es Toyota mismo. Pero los números al final dicen otra cosa. Cuando les hablo de Saatchi & Saatchi, la historia revela un significado y una lectura totalmente diferentes. Entonces caemos en la cuenta de que el propósito de la campaña es promover los servicios de Saatchi & Saatchi como agencia de publicidad, no las ventas de Toyota. Pero, hay una razón adicional por la que transcribimos el guion literario de este video tal cual: que nos fijemos en cómo está estructurado. Para eso, dividimos el texto del guion en nueve párrafos que se corresponden con nueve movimientos. Son las mismas cinco etapas del arco dramático, pero en otro nivel de detalle que nos permita, finalmente, tener un modelo, o una plantilla sobre la cual trabajar en la construcción de nuestras propias historias. Veamos.

3x3+1 Un modelo para armar

Primero lo primero: el propósito

Estaría en Roma en una reunión de trabajo durante una semana. Así que, aprovechando el viaje, pedí una semana de vacaciones antes de la fecha prevista para el encuentro. Si todos los caminos llevan a Roma, mejor tomar el más largo. Me paseé por media Europa sin que me pidieran documentación alguna. Era el año 1998 y vivíamos con orgullo el gran logro del mundo democrático que fue la creación de la Unión Europea en 1993. Así que anduve de trotamundos, de ciudad en ciudad, cruzando fronteras por la libre. Hasta que subí al Eurostar para viajar de París a Londres. El Reino Unido exigía una identificación para cruzar del otro lado del canal. Como cualquier cubano de mi generación, por muchos años que vivas en el extranjero, nunca pierdes el miedo a que alguien con un uniforme te retenga por cualquier motivo. Súmale un centenar de películas donde un policía con cara de palo mira tu pasaporte y luego te observa detenidamente a ti. Es una paranoia infligida y siempre hay un momento de expectación y angustia.

El hombre no era ningún policía, sino el encargado de cotejar que tenías un boleto y una identificación cualquiera, que no fueras un polizonte, pero igual me hice chiquito… Más. Le pasé mi pasaporte mexicano apenas sin mirarlo, como ignorándolo (mi pasaporte cubano no me sirve para otra cosa que para regresar a mi país de visita, y cuesta más dinero mantenerlo vigente que un Mercedes Benz). Dentro del pasaporte, para no extraviarla, yo había colocado una tarjeta de identificación de asociado donde se leía National

Geographic International Partner. La tarjeta de plástico rígido con el famoso marco amarillo en una esquina saltó a la vista. El hombre levantó la mirada al instante y me preguntó con una sonrisa inequívoca si trabajaba para National Geographic.

Precisamente, le anuncié –ahora sí, con mucha resolución–, estoy en Europa para una reunión de trabajo de National Geographic. Y seguí pasando información. Estaría en Londres solo una noche. Iba a visitar a una amiga. De ahí viajaría a Roma a una reunión de editores de la revista en diferentes lenguas… Su reacción fue increíble. Cerró el librillo con la tarjeta dentro y me lo devolvió: *Sir, you don't need a passport* [Señor, usted no necesita más pasaporte que éste]. Luego me dijo que coleccionaba le revista desde hacía años. No he olvidado ese momento en mi vida. Al alivio, sobrevino el agradecimiento. Y, ya más asentada, la emoción se transmutó en un sentimiento de orgullo, el privilegio y el sentido de pertenencia a una organización reconocida y admirada por muchas razones. En aquella época, todavía con ecos de la Guerra Fría, yo me reconocía en el joven exiliado que escapó con sus sueños del único país que quedaba del llamado bloque socialista, un proxy de la Unión Soviética a las puertas de Norteamérica, para convertirse en el editor jefe de una revista icónica del *imperialismo yanqui*, el archienemigo.

Serían dos. Unos años después, con ese mismo orgullo, y a modo de bienvenida, el gerente general de Reader's Digest México me mostró un libro titulado *Revistas que hicieron y hacen historia*, publicado en Barcelona. Reader's Digest era una de ellas. Noté que entre las otras siete publicaciones emblemáticas estaba National Geographic. Ya puesto a trabajar para el imperialismo, que tanto necesitaba mis servicios, dirigí Reader's Digest para México y países del pacto andino por cuatro años. De RD sí puede decirse que llegó a ser un estandarte de Estados Unidos en su enfrentamiento con la Unión Soviética durante la Guerra Fría, al punto de que su rival sacó una réplica idéntica en 1966, la revista *Sputnik*, que se distribuía en los países aliados, con Cuba como punta de lanza de este lado del Atlántico. Nadie sabe para quién trabaja. *Selecciones de* Reader's Digest había sido prohibida en Cuba, pero Sputnik me llegaba cada mes y yo la leía completa, en inglés. Paradojas de la vida, muchos años más tarde, mi jefe en Nueva York prácticamente me exigió que sacara una portada de Hugo Chávez en la edición en español que yo dirigía, porque, según él, el presidente golpista venezolano era "uno de los hombres más influyentes del mundo" en aquel entonces. Mi rotunda negativa a hacerlo, por obvias razones, marcó el inicio de mi retirada de la organización.

National Geographic y Reader's Digest son, sin lugar a dudas, dos publicaciones icónicas del siglo XX. Pero no cruzaron la barrera histórica del siglo y el milenio con la misma energía. El caso de Reader's Digest es un ejemplo de cómo organizaciones y marcas con un éxito extraordinario y que llegaron a disponer de ingentes recursos, pueden igual morir ante nuestros ojos, derrumbarse literalmente en unos pocos años. Sí, fue un privilegio trabajar en ambas organizaciones. Y más aún estar ahí justo en el período en que National Geographic lanzaba su canal de televisión, las ediciones internacionales, su sitio web y tantos productos que le permitieron adentrarse con paso firme en el siglo XXI. Por su parte, Reader's Digest, la revista, sus libros condensados y otros que habían llegado a tener cien millones de lectores en los años setenta, cuando aún no existía internet y un millón de cualquier cosa era una cifra exorbitante, seguía en una silenciosa caída hasta hoy.

La experiencia del tren me dejó un aprendizaje que constataría una y otra vez hasta hoy. Cuando necesito llamar la atención sobre mí, con un propósito de ventas, siempre me las ingenio para sacar a colación que fui director editorial de National Geographic. Y casi siempre es suficiente para ganar la atención de quien sea. La gente para las orejas, se dispone a escuchar. Este hombre debe de saber algo de contar historias, y sin lugar a dudas ha recorrido mundo. Lo primero es bastante más cierto que lo segundo, y no se lo debo a Nat Geo sino a mi carrera como escritor primero, y a Reader's Digest como editor después. Sin embargo, no es lo mismo cuando menciono a Reader's Digest. Muchos, sobre todo los más jóvenes, no saben ya ni siquiera de qué estoy hablando. Al punto que dejé de mencionarla. Pero no puedo pasarla por alto aquí. Más bien quiero llamar la atención sobre lo contrario y saldar una deuda de gratitud. Aprendí a contar historias con Reader's Digest, a editarlas, a convertir una "copia azul" de treinta y dos páginas que entregaba el reportero en la mesa de redacción en un artículo de solo dos mil palabras.

En ese sentido, no había punto de comparación entre ambas publicaciones. Reader's Digest era la escuela de contar historias. Si algo distinguía a una de otra era el énfasis en el texto, el reporteo y las historias escritas. Y viceversa, National Geographic era reconocida en el mundo entero por sus fotografías y sus fotógrafos. A pesar de la fama de Nat Geo, ninguna publicación anterior a la era digital llegó a tener tantos seguidores y ser tan influyente como RD. Es legendario el énfasis que ponían los fundadores DeWitt Wallace y Layla Bell en el papel del editor. Los editores eran los guardianes del valor supremo de la revista, de su contenido, de sus historias. Esto se reflejaba aún en la organización cuando yo entré, después de un proceso de selección de un año, el ritual de acogida, y el posterior entrenamiento al que éramos sometidos. Literalmente, no era una elección.

A pesar de tener entonces tres novelas publicadas y de haber lanzado la edición en español de National Geogrephic para América Latina, cuando entré en RD lo primero que hicieron fue subirme a un avión e instalarme en una casa de visitas junto a su emblemático edificio en Westchester. Estaría semanas allí aprendiendo a hacer mi trabajo. ¿En serio?

Mi corazón se quedó con la pequeña giganta que fue Selecciones, pero uso a National Geographic como carta de presentación, y no solo por la experiencia del tren, sino porque la empresa que supo navegar las aguas de la era digital hoy sigue teniendo un reconocimiento mundial, no tanto ya por su revista como por sus programas y series de televisión, mientras la otra parece seguir cabalgando hacia el crepúsculo, perdiéndose como una leyenda de otros tiempos. Puedo decir que más de la mitad de lo que sé de storytelling se lo debo a RD, aunque el término aún ni siquiera se usaba en esa época. Todavía guardo el manual de normas de estilo y creación de contenidos de la revista, las guías de cómo hacer un plan editorial, editar un artículo, o trabajar con un reportero para dirigir su atención siempre hacia lo importante, con un sentido de propósito.

Una de las frases obligadas de aquel manual era: *"We not only have a point, we have a point of view"* [No solo tenemos un punto, sino un punto de vista]. Ese punto de vista, esa noción que regula el paso y apunta hacia la meta en cualquier contenido o artículo, en cualquier medio, audiovisual o escrito, hasta en una presentación de negocios, es el mediador entre el mensaje de la historia y el propósito final para contarla. Es lo mismo que la "idea controladora" de que habla McKee en guionismo. Más allá del breve tributo a la institución que me formó como editor, esta noción del "punto de vista" (que no es exactamente lo mismo que el punto de vista en narratología) es esencial en storytelling, y en particular cuando hablamos de narrativa de marca, y aquello de "lo que queremos que se sepa de nosotros". Cada vez que me pongo a farolear con National Geographic pienso en Reader's Digest, el "primo pobre" que ya no menciono porque a nadie le importa. Y puesto a pensar, pues también vuelve lo que fui dejando fuera de esa historia del tren porque ya no me hacía falta.

Hasta aquí llega esta historia. Espero que te haya gustado. O cuando menos, te haya mantenido interesado hasta el final. Yo sé por qué y para qué te la conté, pero seguramente, si hago las preguntas adecuadas, te darás cuenta de muy poco de lo que yo estaba pensando, qué me motivó a escribirla, y qué quiero decir con ella, no tiene que ver mucho con las razones por las que a ti pudo gustarte. Puede haber no una, sino una decena de propósitos ocultos por los que elegimos contar ciertas historias, por qué sentimos que "esta es la buena aquí" y que es un buen momento para contarla.

Para quienes como yo tienen que enfrentar a un público prácticamente cada semana, y darle un sentido y un interés a lo que hacen, y que su audiencia no se pierda y que agradezca haber pagado cada peso para estar ahí, es un reto interesante. Quieres cautivar a tu público y quieres crear un público cautivo.

¿Y cómo lo logras? ¿En qué momento, por ejemplo, eliges contar una historia sobre ti, de primera mano, basada en tu propia experiencia? El primer error en storytelling es usarnos todo el tiempo como referentes sin otro motivo real que inflar nuestro ego, mírenme, qué bueno soy. Pero por otra parte, que tu público te vea trabajando como el alfarero, con las manos llenas de barro, haciendo aquello que estás tratando de que ellos aprendan a hacer es mucho más convincente que explicarlo, y mostrar cómo lo hacen otros. A la audiencia le da mucha confianza saber que su guía no solo teoriza sobre un tema, sino que es capaz de meterla en él por sus propios medios. Pero si lograste que tu historia los divirtiera o los llevara oración tras oración a sentir algo ligeramente distinto, a querer leer la frase que sigue, y así hasta el final, quizá lograste muchas cosas más de las que él mismo va a ser consciente.

Por supuesto, no voy a expresar aquí los múltiples propósitos con los que se asocia y a los que nos remite este relato dentro del universo de historias de mi marca. Basta con decir que son muchas de las razones por las que escribí este libro, que me autorizan a hacerlo y que, cuando menos, vienen a reforzar ante mi audiencia la certeza de que este hombre sabe cómo contar una historia, cómo dosificar la información para llevarlos de la mano de un punto A hasta un punto B, y mostrarles en el camino muchos aspectos de su trabajo a partir de una anécdota principal. Y por eso estoy escribiendo este libro; eso es lo que hago aquí, aprender a invitar a otros a ese viaje. Conmigo. Y entretenerlos en el camino contándoles historias que les sirvan para contar la suya, para descubrirla, y que distingan lo importante que es para crear una marca. Convertirte en un referente, que volteen hacia ti en busca de soluciones, de hallar el modo correcto de hacerlo, de proveer algo mejor para los suyos.

El viaje puede ser accidentado, pero también tenemos la capacidad y el derecho de elegir, y más vale que lo ejerzamos, porque storytelling es hacer de manera consciente lo que toda la vida hemos hecho de forma natural, inconsciente. Si en un bar contamos una historia para conectar con otros, pero ni siquiera nos detenemos a pensar en cómo se produce esa conexión, en storytelling contamos una historia con la consciencia clara de qué queremos lograr; como parte de un plan y de una estrategia. El propósito de contar la historia es establecer esa conexión. A eso hacíamos referencia cuando hablamos de una estrategia de contenidos, dónde coloco qué, y para qué. Toda marca tiene un gran propósito, aquello para lo que nació, aquello para lo que sirve a quienes sirve. Asimismo, todas las historias que contamos están alineadas con ese propósito, la idea controladora última de cualquier relato cursa con ese fin oculto, y en el desarrollo de un relato. Que una historia sea real no significa que haya que contarla toda, lo que no tenga que ver con su finalidad, tendrá que quedarse fuera; cada punto tiene que alinearse con el punto de vista. ¿Recuerdas que en algún momento de mi relato sugerí que hay partes de la historia que dejé fuera? Eso también fue a propósito. En algún momento del camino nos reencontraremos con la idea y la reconocerás y dirás, ahora sí, dinos eso que nos has estado ocultando, porque algún motivo habrás tenido.

Hay este adagio popular entre guionistas. Si en los minutos iniciales la cámara enfoca con cierta insistencia un cuchillo que pela una papa, y si, adicionalmente, el cuchillo es anormalmente grande para usarlo en la noble tarea de pelar papas, más vale que aparezca más de una vez en escena y que termine por enterrarse en las entrañas del violador de la esquina, ¿o qué tal cortándole el pene? Luego podemos volver atrás a aquella escena inicial y aderezarla con un pequeño corte en el dedo de la protagonista, que sugeriría desde el principio que su mente está en otra parte. Por ahora es suficiente, no hace falta que diga por qué su mente está ausente, eso lo dejamos para más adelante, o se irá develando escena tras escena. A eso se le llama el ritmo de la narración, qué va dónde y cuándo.

(Contar historias es saber dosificar la información que vamos proveyendo a lo largo del camino, como ya te habrás dado cuenta, para mantenerte enganchado, a mi lado, siguiéndome para ver hasta dónde llegamos con esto. Perdona que insista, pero ¿alguna vez leíste Hansel y Gretel? Una historia, entre otras cosas, nos deja una "ruta de exploración", ya hasta existe un término en programación [breadcrumbs] para permitir al usuario conocer su ubicación en un punto en directorios y subdirectorios y que pueda navegar a través de ellos y encontrar el camino de regreso. Hay otro mito, el del hilo de Ariadna. ¡Ah, los mitos!, algún día hablaremos de ellos. Mucho: de cómo nos guían sin que lo sepamos a través de eso que llamamos el inconsciente colectivo, cómo se convierten en referentes, en patrones arquetípicos como la imagen de la Madonna y el Niño. Seguro, en algún momento, llegaremos ahí, aunque para eso tengas que leerte tres libros como este).

Ese mensaje nos dejó Cavafis, el gran poeta de las grandes alegorías, con su poema *Ítaca*: *"Cuando emprendas tu viaje a Ítaca, pide que el camino sea largo, lleno de aventuras, lleno de experiencias"*. Si todos los caminos llevan a Roma, escoge el más largo, hay mucho que ver en Europa. Hay mucho que aprender en el viaje.

Es muy común en nuestros tiempos convulsos escuchar la muletilla, "para no hacerte el cuento largo…". Ya sabemos, si queremos usar la vía del storytelling, que hay que hacer el cuento, y lo largo depende de lo que tengamos que mostrar y demostrar, no de las exigencias de un canal u otro. Los amantes del fútbol pasan noventa minutos frente a la tele para ver un partido hasta el final, y a veces no desean siquiera que llegue ese final. No quieren ver los resultados al día siguiente, quieren el camino largo, lleno de emociones. No te puedes dejar intimidar por el jefe que te dice: dime qué quieres, no tengo tiempo para historias. Si le dices lo que quieres sin contarle la historia no va a entender un carajo, y te va a echar de la oficina por no haber hallado sentido a tu propuesta. No va a *sentir* nada con lo que le estás proponiendo, o sea, no va a percibir el sentido profundo. Así que no caigas en la trampa, busca la manera de contarle la historia, quiera o no. Lo más fácil aquí es nunca anunciar que vas a contar una historia; solo hazlo, como hice yo al principio de este capítulo. Una vez enganchado, ya lo agarraste por los huesos. Las historias no solo convencen más, son capaces de mover las emociones, o sea, calar mucho más profundo. El qué, sin el cómo y el porqué, queda desprovisto de gracia y de sentido. Ahora sí, espero que te haya quedado claro por qué escogí el camino largo para llegar aquí.

Pero en función de este libro, te voy a dar una razón práctica más. Hemos insistido en que el propósito es esa radiación de fondo, eso que está ahí todo el tiempo, la parte invisible de la historia. De veras, no es para alarmarte, sino más bien para motivarte aún más (y si te alarma, mejor), pero el cuarto libro de esta serie se enfoca todo en hablar de lo invisible, cómo aquello que no vemos marca el ritmo de nuestra vida y el paso de los días. Pero… esa es otra historia.

¿Por qué 3 x 3 + 1?

Las siete tramas básicas, por qué contamos historias, el libro de Christopher Booker que me abriría los ojos y la mente al tema del storytelling, se centra en mostrar cómo todas las historias, desde los antiguos mitos, los cuentos tradicionales, las novelas, el teatro, hasta el cine contemporáneo, sin importar el género o la trama, siguen estas cinco etapas en su desarrollo.

Booker se refiere a esta estructura como la metatrama, o lo que sería lo mismo, la trama que contiene todas las tramas. Nosotros, para simplificar, preferimos hablar del arco dramático.

Pero en la práctica esta simplificación no resultó ser muy eficaz. Cada vez que pedía a los estudiantes que crearan un relato a partir de un arco dramático en cinco partes, casi siempre el resultado se leía más como una sinopsis, una propuesta resumida, pero casi nunca un relato bien armado. Debía haber algo más en el despliegue que yo estaba ignorando. Definitivamente, se necesitaban más elementos para construir una buena historia, con una intriga, una curva de interés de principio a fin, y que llevara paso a paso hacia una conclusión con un claro mensaje final, como lo exige el mejor storytelling.

Así que decidí regresar a investigar con mis maestros. Estudié los diferentes modelos de estructura dramática de guiones en los libros de Syd Field y Robert McKee, volví sobre la estructura del cuento tradicional de Vladimir Propp y revisé de nuevo las múltiples versiones e interpretaciones que se han hecho del famoso monomito o viaje del héroe de Joseph Campbell. Este último tema llamó mi atención sobre un hecho específico. El viaje del héroe, como lo concebimos a partir de las películas de Hollywood y del libro del otro Christopher, Vogler, desde *La guerra de las galaxias* hasta hoy, pasando por *El Rey León* y tantas otras que han reventado las taquillas en estos últimos cincuenta años, se construye a partir de los tres actos desplegados en doce partes. Pero en la versión original del monomito, explicado con lujo de detalle en dos libros fundamentales de Campbell, *El héroe de las mil caras* y *El poder del mito*, el autor plantea diecisiete de estas "partes" (en realidad, se trata de pulsiones o arquetipos) que se integrarían en un relato completo del periplo heroico.

La huella del viaje del héroe está presente hoy en cualquier historia que veamos. Pude constatar que los relatos de Google o de Nike, pero también videos musicales como los de Aviici, *Wake me up* o *Waiting for Love*, o minidocumentales al estilo de *Red Bull Stratos* recurrían a los elementos del viaje del héroe, incluso en el nivel simbólico y la concepción de personajes, pero en una escala reducida para historias breves, de entre uno y diez minutos, como las que se construyen precisamente en el marketing emocional y los videos para redes sociales, generalmente con un personaje único y una anécdota central.

Transcribí los guiones literarios de muchos videos, pero también releí artículos de revistas y blogs y finalmente logré entrever una fórmula, un esquema repetido. Aquí no se trataba de diecisiete o doce partes, sino de nueve. Ni una más, ni una menos.

De ahí, fue fácil identificar esa estructura que usamos en el periodismo narrativo para escribir artículos para revistas y blogs, pero también en reportajes, e incluso entrevistas y columnas de opinión. Prácticamente todos los géneros periodísticos, con excepción de la nota periodística como tal, están concebidos siguiendo esta estructura de fondo, aunque en el artículo se hace más explícita.

Con un modelo para armar que pueden llevarse a casa, a los estudiantes les resulta mucho más fácil visualizar el avance de la historia, el viaje en sí. El modelo funciona lo mismo para una presentación de negocios en PowerPoint que para la escritura de un blog, o la producción de narrativas audiovisuales breves.

Una prueba final, a la vez que un buen ejercicio de entrenamiento, ha sido analizar las famosas tres historias en el discurso de Steve Jobs y constatar que los relatos, hasta la reflexión y el mensaje final en segunda persona, con un claro llamado a la acción, están construidas siguiendo esta estructura, lo que en el fondo corrobora que incluso a un nivel empírico, el despliegue de la historia en nueve pasos, es una formulación bastante común y de probada eficacia.

El resultado de usar este modelo es una narración con un ritmo sostenido, una estructura sólida y una curva de interés que se mantiene hasta la línea de cierre. Por eso, desde entonces, este modelo ha sido la herramienta fundamental para trabajar con líderes y consultores en sus presentaciones públicas, pero también en el trabajo de creación de guiones para piezas cortas de todo tipo. Puede verse lo mismo en una historia como las que ya hemos analizado aquí a partir del arco dramático clásico, como relatos más complejos y pormenorizados como en *Piper*, el cortometraje de Pixar ganador del premio Oscar a mejor corto de animación en 2017.

(Por eso, aunque por momentos vas a sentir que ya recorriste este camino a partir de la anterior revisión del arco dramático, esta estructura en nueve partes, que explicaremos más en detalle a continuación, es una figura central en este libro, sobre todo para quienes, cómo tú, ya se están haciendo la pregunta: ¿me servirá a mí para construir mis historias?)

Otra vez, hicimos el camino largo para detenernos todo lo que pudiéramos a hacerte pensar sobre el propósito. Ahora sí, ya podemos explicar los nueve movimientos del modelo que hemos creado expresamente para ofrecerte una guía puntual de cómo contar una historia. Estos sí, bien visibles y palpables.

También escogimos el camino largo cuando empezamos por explicar de diferentes maneras la estructura en tres actos, incluso para nombrar los constituyentes inmediatos de la historia, personaje, conflicto, resolución.

Si el planteamiento en tres actos o etapas —principio, medio y final— termina por desplegarse en un arco dramático en cinco partes, el nivel de detalle requerido para contar el tipo de historias que generalmente se usa en el ámbito profesional y de negocios tiene un planteamiento en nueve partes más el propósito. Disfrutar y analizar un centenar de historias en video, y otras, a solas, pero también en cursos y talleres con decenas de participantes nos permitió crear un modelo funcional, casi una plantilla para organizar tu contenido y un flujo paso a paso, la secuencia y el ritmo adecuados es el modelo 3x3+1. Tres actos que a su vez se despliegan en tres etapas cada uno, más un propósito que está más allá de la historia, que puede ser personal u organizacional, pero que siempre determina cómo se despliega la narración.

La estructura en nueve pasos es, pues, una suerte de rutina, como si de un baile se tratara, que nos mantiene conectados por el ritmo que marca el propósito. Esta secuencia completa de pasos y movimientos cierra el ciclo del relato de principio a fin. De nuevo aquí nos planteamos una variante de la regla de tres. Cada acto contiene a su vez una acción inicial, una transición o intermedio y una acción final. Al terminar el despliegue del primer acto inicia el enfrentamiento, que terminará al final del segundo. Hay un movimiento de acción-reacción, de abrir-cerrar, de sístole-diástole en las historias; un latir, así como el corazón, que mueve el interés y las emociones de la audiencia hacia adelante. El planteamiento de la estructura en nueve partes es como sigue:

Acto 1: El personaje enfrenta un reto.

Primero: Se presenta un personaje en un entorno o contexto.

Segundo: Surge una situación que generará un desequilibrio en el entorno.

Tercero: Un hecho o circunstancia concretos plantean la necesidad de enfrentar el reto.

Acto 2: El personaje lucha por vencer el reto y alcanzar una meta.

Cuarto: Hay una acción inicial de respuesta al reto.

Quinto: De esta acción deriva un enfrentamiento, una serie de obstáculos a vencer, o avances.

Sexto: Los avances o acontecimientos llevan a un desenlace.

Acto 3: Se alcanza la meta y se obtiene un resultado.

Séptimo: El desenlace nos deja a las puertas de un resultado: lo alcanzado, lo obtenido.

Octavo: El resultado nos deja una reflexión, un mensaje.

Noveno: El mensaje se traduce en un llamado a la acción que involucra a la audiencia.

Décimo: Al final de la historia, antes y después, hay un propósito concreto. La historia puede ir dirigida a un público específico, transmitirse en un canal concreto, y eso determinará en buena medida la manera en que se construye y el énfasis que se pone en el mensaje final. Ese décimo elemento oculto en toda historia es de vital importancia, en tanto que se circunscribe a un universo de historias integradas en nuestra estrategia de comunicación de marca y nuestro contenido.

Volver sobre la historia del *Endeavor* y la Toyota Tundra, un camino ya recorrido una primera vez, nos permitirá desmenuzarla en ese nivel de detalle necesario para visualizar el modelo, y entender, además, la importancia de tener un punto de vista y un propósito.

Acto 1: El personaje enfrenta un reto.

Primero: *El transbordador Endeavor viajó 25 veces al espacio exterior. Cuando lo retiraron, fue enviado en un 747 a Los Ángeles. De ahí sería transportado al Centro de Ciencias de California en una plataforma de carga pesada.* [Se presenta un personaje en un entorno o contexto].

Segundo: *Pero después de haber recorrido 122 millones de millas, la única cosa que el Endeavor no pudo hacer fue cruzar la carretera 405.* [Surge una situación que generará un desequilibrio en el entorno].

Tercero: *Houston, tenemos un problema. La plataforma motorizada era demasiado pesada para atravesar el puente.* [Un hecho o circunstancia concretos plantean la necesidad de enfrentar el reto].

Acto 2: El personaje lucha por alcanzar una meta.

Cuarto: *Entonces propusimos remolcarlo con un Toyota Tundra...* [Hay una acción inicial de respuesta al reto, una propuesta].

Quinto: *Pero primero teníamos que convencer a la NASA, BOE-ING, CALTRANS y a la ciudad de Los Ángeles… de que podíamos hacerlo.* [De esta acción se deriva un enfrentamiento, una confrontación. El centro del conflicto, una serie de obstáculos a vencer o avances].

> *A- Anunciamos nuestros planes al mundo mediante las relaciones públicas y las redes sociales. Y la reacción fue inmediata. (CNN: "El Endeavor va a atravesar el puente; lo van a arrastrar con una camioneta pick-up").*
>
> *B- Generamos la conversación en blogs, Twitter y nuestro sitio de internet, y una serie de videos que documentaran el evento.*
>
> *C- Creamos un drive de Twitter, que obtuvo más de 400 mil dólares para el museo".*

Sexto: *Estamos viendo en vivo al Endeavor, y delante de él hay una Toyota Tundra. Miles de personas están formadas para ver este majestuoso espectáculo. Endeavor, listo; Tundra listo. 3… 2…1.* [Los avances o acontecimientos llevan a un desenlace].

Acto 3: Se alcanza la meta y se obtiene un resultado.

Séptimo: *El Endeavor ha empezado a cruzar el puente y la Tundra de verdad lo está jalando. La multitud está emocionada.* [El desenlace nos deja a las puertas de un resultado: lo alcanzado, lo obtenido].

Octavo: *Finalmente, Toyota Tundra ha probado de lo que es capaz, y el transbordador Endeavor ha cumplido su misión final.* [El resultado nos deja una reflexión, un mensaje].

Noveno: *131 millones de impresiones en Twitter para Toyota. 31% de aumento en las ventas de la Toyota Tundra. 10,000 millones de impresiones no pagadas para Toyota.* [El mensaje se traduce en un llamado a la acción que involucra a la audiencia].

Acto 1: tres partes: Statu Quo, Anticipación y Reto

Aquí analizaremos más en detalle cómo inicia una historia. O sea, el acto I o planteamiento inicial. Como ya dijimos, cada uno de los tres actos se puede dividir a su vez en tres partes. Primero, el personaje; segundo, el dilema que enfrenta; tercero, los hechos concretos, la forma específica en que el personaje aborda o enfrenta ese dilema.

Otra manera de plantearlo sería así:

1. Statu Quo

Érase una vez… Así están o estaban las cosas. Antecedentes o situación inicial. Se plantea un estado de normalidad o de equilibrio entre el individuo y su entorno; una visión general, cómo ha sido del devenir hasta aquí. Este planteamiento es general, una aseveración, algo en lo que todos están de acuerdo, que ha sido de algún modo la norma hasta ahora. Hay un consenso. En las historias que no se centran en un personaje sino en un tema específico, el planteamiento inicial hace una generalización.

"Los seres humanos siempre hemos necesitado historias"

"Las navidades siempre fueron motivo de festejo en nuestra fábrica".

"En los últimos veinte años, hemos sido el distribuidor número uno…".

2. Anticipación

Pero algo va a cambiar…

Ahora, un asunto específico nos pone un pero delante, un "no obstante", un "sin embargo". Nos anuncia que las cosas pueden ser diferentes de lo que imaginamos inicialmente. Anticipa que hay algo que va a poner un alto a la situación, o que hay un cambio, algo diferente. Ese algo puede representar una amenaza para el *statu quo*, el equilibrio inicial, para bien o para mal, aún no sabemos. El foco se centra ahora en un punto más específico, y nos informa o advierte que lo que sigue será diferente a como están las cosas. Desde el punto de vista de la audiencia se genera una primera expectativa. Se inicia el cambio hacia una transformación.

3. Reto o Llamado

Lo que sigue es un hecho concreto que nos plantea un claro reto para el protagonista. Cuanto más concreto y claro se plantee este reto, mejor, cuanto más se centre en una acción o evento concreto, tanto mejor. El reto debe ser algo tangible, palpable, una enfermedad, un evento fortuito, un accidente o incidencias que impactan en el entorno del personaje, en su bienestar o su estilo de vida. Ocurre un hecho concreto o se genera una situación que no se deberá eludir y que a todas luces es mejor enfrentar. El reto es un llamado a hacer algo, a resolver la situación que se nos presenta. En guionismo se usa el término 'llamado a la aventura'. Esto quiere decir que se exigen del protagonista acciones, una reacción ante este llamado.

Con estos tres movimientos, el primer acto prepara el terreno y a la audiencia para lo que viene, el cómo de la historia, el segundo acto, el despliegue de los acontecimientos y avances del protagonista, las acciones centrales, el accionar del personaje y el enfrentamiento ante la situación a resolver, que veremos a continuación.

Dado el nivel de detalle que nos exige la estructura en nueve partes, lo mejor es enfocar cada una de ellas. Como veremos en los tres ejemplos siguientes, el arranque de cualquier narrativa parte de presentar una situación o tema general, para después enfocarse en un asunto específico y de ahí centrarse en un problema/ejemplo/acontecimiento concreto.

> **Statu Quo**: Las personas siempre hemos necesitado historias para comunicarnos y sentirnos conectados. Las buenas historias pasan a formar parte de nuestras vidas y de nuestra cultura; por eso, si algo tienen en común las marcas más reconocidas es que todas cuentan una historia.

> **Anticipación:** Sin embargo, algo está cambiando: nunca antes habíamos tenido tantos dispositivos y pantallas desde los que seguir una historia.

> **Reto:** Y hoy, los consumidores buscamos nuevas experiencias, más profundas y participativas. Quizá por eso las historias se cuentan y se siguen de forma diferente: Como podemos ver en este ejemplo, y hemos reiterado en otras ocasiones, el protagonista de la historia aquí no es importante. Hablamos de las personas en general, el contexto o situación son más importantes, el reto es el mismo para todos: queremos historias más inmersivas. [Video: *Transmedia Storytelling*].

Recuerden la historia *Cenizas* de Campofrío. Les será muy fácil ahora identificar los tres movimientos del primer acto.

Statu Quo: *Durante años, Campofrío ha levantado el ánimo de los españoles con su campaña de Navidad.*

Anticipación: *Pero en las navidades de 2014 ocurrió lo que nadie esperaba.*

Reto: *Nuestra fábrica de Burgos fue arrasada por el fuego, y con ella la vida de cientos de trabajadores.*

Desde los cuentos infantiles estamos familiarizados con esta estructura. Desde el *"Érase una vez…"* que nos presenta al protagonista, pasando por el "pero" que anuncia un cambio o crea una expectativa, nos desplazamos al "hasta que un día…" y así dejamos preparado el terreno para el segundo acto. A veces podemos omitir la anticipación, que es lo que se hace muchas veces en los cuentos, pero en storytelling de negocios es recomendable siempre eso que llamamos preparar el terreno. Una pizca adicional de intriga que contribuye al ritmo de la narración.

Acto II: Acción inicial / Confrontación / Desenlace

Ya vimos que el detonante o nudo de la historia se dispara en el momento preciso en el que el personaje percibe o entiende que debe hacer algo respecto a una situación determinada y decide responder al reto.

4. Acción inicial

El acto II comienza con la respuesta al reto, la acción inicial de respuesta, propuesta de solución o decisión explícita de enfrentar la situación y resolverla. Si Juan se enferma, la acción inicial podría ser consultar a su médico. Pero esa acción es solo el impulso inicial, la respuesta primaria, a veces incluso automática, una propuesta de resolución. A esta acción inicial seguirán otras para poder en verdad solucionar el asunto.

5. Confrontación

Es probable que el médico le indique que debe hacerse análisis, tomar ciertos medicamentos y hacer cambios en su dieta o estilo de vida. La confrontación, sobre todo en las narrativas breves al estilo del storytelling de negocios, aparece generalmente como avances hacia una meta, más que como una confrontación real contra un enemigo mortal, como ocurre en las películas de aventuras. En la mayoría de los casos, en un video de Apple o de Coca-Cola, no hay una "crisis central" al estilo del cine. Puede haber un clímax, el punto más alto en la tensión dramática, o cómica. Las emociones van en aumento, pero no se basan en una lucha a muerte entre el protagonista y el antagonista, el héroe y el dragón.

A pesar de que le sigamos llamando confrontación o conflicto, en las narrativas breves asociadas al periodismo de marca y al marketing emocional, es más común que, una vez vencidos los obstáculos iniciales, el relato se encamine hacia el alcance de la meta y lo que veamos sean los esfuerzos individuales o del grupo en pos de aquello que se pretende alcanzar, o que el héroe (la marca u organización a través de sus colaboradores, productos y servicios) pretenda que alcancen sus protagonistas (léase usuarios, consumidores y asociados). Una fórmula universal para presentar esos avances es seguir la regla de tres: hicimos estas tres acciones con resultados parciales diferentes, o presentamos tres perspectivas, izquierda, derecha y centro, o valoramos tres muestras, o vimos tres ejemplos. Y eso nos deja listos para el desenlace.

6. Desenlace

Ya hemos hablado bastante del desenlace en capítulos anteriores y hecho énfasis en que no se confunda con el resultado. Pero si analizamos la frase del discurso de Steve Jobs que ya conocemos en su tercera historia "me operaron y ahora estoy bien" vemos que la oración contiene el desenlace y el resultado en seis palabras. A veces es difícil desligar el desenlace del resultado porque tenemos la tendencia a confundir y fundir en uno solo la causa y el efecto, pero en términos de la historia, de contarla y que tenga el efecto esperado en nuestra audiencia, siempre es importante distinguir entre uno y otro. El resultado es parte del tercer acto y a él pasamos en el capítulo siguiente.

Tres actos, nueve partes

Anclemos ahora la estructura en tres actos en la tríada Personaje-Conflicto- Mensaje en nueve partes. Ahora el Conflicto se subdivide en Acción Inicial- Confrontación-Acción Final.

Acto I

Éramos muy felices…

Pero las cosas iban a cambiar

Apareció un dragón

Acto II

Decidimos deshacernos de dragón

Luchamos contra el dragón

Matamos al dragón

Acto III: Resultado / Revelación / Mensaje

Si volvemos a las historias del discurso de Steve Jobs que ya hemos visto aquí como ejemplo, es probable que nos resulte un poco difícil discernir en una primera lectura cuál es el desenlace de la historia y cuál el resultado. Pero sí sería muy fácil ver la clara división entre el resultado, la reflexión o revelación que hace el personaje para sí, y el mensaje final que transmite para su público. En toda historia bien contada, sobre todo en el ámbito que nos compete, la comunicación de negocios, el cierre casi siempre contiene estos tres elementos o partes. Un resultado, lo obtenido, lo alcanzado: una revelación, lo aprendido, lo que descubrimos, la reflexión, la experiencia compartida; y un mensaje, la invitación implícita o explícita a que la audiencia viva o comparta la experiencia. Así pues, aquí van estas tres partes del cierre para nuestra plantilla modelo.

7. Resultado

Lo que se logra o se obtiene al final, ya sea la meta de una persona, de un equipo o de una organización (el resultado) nos deja a las puertas de un nuevo estado de cosas. Si hacemos una presentación contando cómo iniciamos el negocio con una tiendita y tres repartidores, este es el momento de soltar amarras, de 'abrir los números': Hoy tenemos tantas sucursales, tantos miles de entregas en el día, tantos millones de seguidores, etc. El número, el dato, tendrá ahora todo el sentido, porque está detrás la historia anterior. Mostramos para demostrar. No todas las historias terminan en un resultado tangible: logramos esto. A veces lo que se comparte es solo la experiencia vivida, lo aprendido. El tesoro simbólico de las películas no tiene siempre que ser de oro, puede ser un conocimiento, un aprendizaje que impactará en nuestra vida y probablemente en la de otros.

8. *Revelación*

Contamos una historia para compartir algo más que un resultado, más bien queremos hacer énfasis en qué nos dejó ese resultado. La revelación es esa reflexión final, la constatación de un nuevo *statu quo*, del descubrimiento que hicimos a través del relato. De un modo u otro, toda historia termina aquí, en ese momento en que nos hacemos conscientes del valor de lo contado,; cuando compartimos realmente en qué consistió la experiencia más allá de los hechos en sí, de la anécdota, o de la situación enfrentada. Esta reflexión final, como se nos presente, es el cierre forzoso de la narración, contiene el mensaje en sí,; aunque no lo declare aún del todo, o no involucre a la audiencia hablándole directamente.

9. *Mensaje*

La revelación y el mensaje están tan conectados como pueden estarlo el reto y la respuesta inicial del protagonista (nudo), o el desenlace y el resultado (clímax), pero hay un matiz. El mensaje enfatiza la revelación y busca involucrar a la audiencia en un llamado a la acción. No es la reflexión del protagonista, sino lo que sigue. La invitación expresa el llamado a la acción a la audiencia a vivir por sí misma una experiencia similar, o a compartir la historia, o a que haga consciente del modo que sea que la historia es suya. La reta, la involucra. Le dice que el llamado inicial a la aventura del personaje ahora es un llamado a la acción dirigido a ella. Así, es fácil distinguir en las historias de Steve Jobs en Stanford, cómo al final de cada una deja de hablar de sí mismo y su experiencia de vida y se vuelca a la segunda persona, o sea, le habla directamente a la audiencia: debes hacer esto, debes hacer aquello. La revelación es lo que aprendemos con el personaje de la historia, el mensaje es aquello con lo que su emisor (la marca, la organización, el narrador) quiere que nos quedemos. Y que nos llevemos a casa.

(De hecho, si quieres validar una vez más este modelo, haz el ejercicio de ubicar estas nueve partes o movimientos en cada una de las tres historias del discurso de Steve Jobs, te sorprenderá lo fácil que puede ser llegar a identificarlas, y te ayudará a familiarizarte con el modelo para crear tus propias historias)

El storytelling nació en el mundo del entretenimiento, la composición musical y poética, la literatura, la escritura creativa y las artes en general. Y muchos autores, incluso entre los más auténticos y originales, avanzan a tientas con su historia y ven cómo esta se va desenvolviendo ante sus ojos y va adquiriendo vida propia. También hay otros que reconocen que no podrían trabajar sin un plan. Tras el storytelling aplicado al mundo del marketing y los negocios hay un aprendizaje de siglos, y una ciencia detrás del arte, que nos dice que ambos elementos, la imaginación creativa y la planeación dirigida, se tienen que reunir a la hora de crear buenas historias. Pero la balanza se inclina cada vez más hacia la investigación previa y la planeación. En ese sentido, el storytelling que están haciendo las grandes marcas y las agencias de publicidad que colaboran con ellas es un trabajo altamente profesional, que lleva meses —y a veces hasta años, cuando se trata de crear campañas de publicidad— para crear una serie de relatos.

Y en esa planeación es muy probable que lo primero sea el mensaje. Una vez que tenemos claro qué queremos comunicar, es entonces que empezamos a visualizar la historia que tenemos que contar y, poco a poco, en el mismo proceso, es que empezamos a reelaborar una y otra vez el cómo. Y quizá eso determine el quién de la historia, qué protagonista elegimos, si un individuo o varios, o si no hay protagonista como tal sino una figura representativa, como la chica de *Evolution* de Dove, que termina no siendo ni ella misma ni nadie en particular. El centro del tercer acto de la historia es compartirnos un mensaje. Y tiende a ser la parte más compleja. Puede declararse abiertamente, puede sugerirse hasta un punto, puede incluso ser un final totalmente abierto que se queda en el desenlace, como en la historia de *iPad Homework*, porque ya sabemos cuál será el resultado y lo aplaudimos de antemano.

O puede ser solo el logo de la marca, para darle crédito al emisor del mensaje, como en la historia de Google, o expresarse en una frase final a modo de eslogan, o pasar de la reflexión del personaje sobre lo aprendido a modo de revelación a un mensaje final dirigido a la audiencia en forma de un llamado a la acción claro y contundente como en el discurso de Steve Jobs. E incluso ser planteado a través de las conclusiones a las que llegan los personajes, como en los *Sketches* de Dove.

En cualquier caso, lo que queremos destacar aquí es que transmitir un mensaje de una marca u organización, y que la audiencia lo perciba como un descubrimiento, como algo nuevo que mantenga la emoción del relato, sin venderse ni vendernos nada, que toque las fibras sensibles y provoque reacciones, sin que resulte obvio o muy visto o siquiera predecible es la tarea más difícil de contar historias, pero la que tenemos que resolver muy en serio. El cierre de la narración determina todo. Si se nos cae, se cae toda la historia y el trabajo realizado.

Énfasis en esto: El mensaje no puede ser obvio, ni predecible, ni un cierre de ventas. Tiene que ser sorprendente, impredecible, compartirnos una experiencia y dejarnos como audiencia con las ganas de compartirla. A lo largo de este libro, y casi ya en la recta final, antes de que empieces a trabajar en tus propias historias, hemos visto ya decenas de ejemplos de historias bien contadas de todo tipo y en todos los ámbitos, desde un discurso o un programa de concursos, hasta una publicidad. Te invitamos a que vuelvas a analizar todos y cada uno de los ejemplos que hemos estudiado hasta aquí, que regreses sobre ellos, ahora con todo lo aprendido, y compares la manera en que se plantea el mensaje. Te sorprenderá la diversidad de opciones, pero a la vez vas a descubrir algo que comparten las mejores historias, las que se quedan: hay una descarga empática, hay un descubrimiento compartido, un *insight*, algo que hasta entonces no teníamos claro, que no habíamos visto desde esa perspectiva, que no habíamos entendido del todo, o una tensión interna que se nos revela.

De ahí la famosa frase de Steve Jobs: "Muchas veces la gente no sabe lo que quiere hasta que se lo mostramos". Para eso está el mensaje de la historia, para descubrir juntos lo que no sabíamos que estábamos buscando. Nosotros no, pero los creadores de historias sí. Eso nos deja a las puertas del propósito, el décimo elemento… o el primero. Siempre fuera del relato, pero presente en todo momento para el creador de la historia.

Estamos en la recta final. Hasta aquí hemos explicado hasta el detalle cómo se cuenta una historia. O sería mejor decir, cómo se cuentan las historias en general, y en específico lo que llamamos storytelling, enfocado a promover empresas y negocios, desde la estructura básica en tres actos hasta el despliegue en nueve partes o movimientos. Ya dijimos que una golondrina no hace verano. Asimismo, contar una historia nos puede servir para motivar a un público presente o transmitir un mensaje, pero como organización o empresa, incluso como marca-persona, nuestros mensajes pueden ser muchos y abordarse desde diferentes perspectivas. Tenemos una razón de ser, pero podemos tener diferentes productos y servicios, llegar a diferentes públicos y avanzar hacia nuevas metas. Es importante que nuestros mensajes se integren de manera coherente, consolidada y planificada en una estrategia de contenidos. En storytelling no contamos historias como ocurrencias ni como anécdotas aisladas, o para "desplazar producto". Para esto último, por cierto, sigue existiendo la publicidad tradicional.

Contar historias integradas en una estrategia de contenidos significa que cada una de ellas y sus respectivos mensajes estén alineados con uno o varios propósitos centrales para tu marca o negocio, y que busquen generar empatía y una relación de largo plazo, a nivel humano, con tu audiencia. Cuando hablamos de crear contenido relevante para tu público, entendemos por relevancia aquello que aporta valor a la vida del cliente, que de algún modo encuentra un espacio en su estilo de vida, ya sea un cereal, un café, leer un libro, hacer deportes o ir al cine. Nuestras historias deberían estar ahí para acompañarlo en esos espacios, hacernos presentes; porque las historias no solo son una herramienta de persuasión, también se quedan más tiempo con nosotros y conectan de otra manera con la audiencia, nos hacen relevantes. Las necesidades e intereses humanos son muchos y muy diversos. De igual manera cada empresa u organización tiene historias únicas que contar, que tienen que ver con los servicios que provee, el tipo de público al que se dirige y la circunstancia, medios y canales a través de los cuales comunica con su público objetivo.

Todo esto incide en la manera en que se cuenta la historia, el énfasis en el mensaje, en los acontecimientos que integra e incluso en el tiempo que tomamos de la audiencia para mantener su atención e interés hacia lo que le queremos decir. En cualquier caso, cuando hacemos eso que llamamos storytelling, o sea, contar historias con propósito, lo más importante es nunca olvidar eso, el propósito. ¿Por qué y para qué estamos contando esta historia? ¿Qué aspiramos a obtener con ello? ¿Qué reacciones esperamos de nuestro público? ¿Cómo contribuye mi historia a fortalecer los vínculos con mi audiencia, a mi identidad y objetivos de negocios en el mediano y el largo plazo?

IV: La penúltima y nos vamos

… Ser capaces de pensar en términos de historias, e imaginar el futuro como una historia, permite a los líderes hacer las mejores decisiones y previsiones y crear las mejores estrategias para el futuro
— Robert McKee.

Esta es una historia sobre conectar los puntos… Pero a diferencia de aquella de Steve Jobs con que iniciamos, aquí no nos quedamos en mirar al pasado para entender cómo llegamos a ser quienes somos ahora. Apunta más lejos, al futuro, para prefigurar el futuro y prepararnos para enfrentarlo, qué tal si…

Estábamos en un astillero en New Orleans. V trabajaba como editora en una revista de vida y estilo del grupo Expansión y fuimos allá a entrevistar al dueño de Trinity Yachts, uno de los anunciantes de peso en la publicación; el tema ocuparía la portada. La idea era escribir un artículo que mostrara la interioridad y el interiorismo de aquellos superyates de lujo construidos sobre pedido y diseñados a la medida de acuerdo con las exigencias de cada cliente, con los más finos detalles y con base en la ciencia y la tecnología de navegación más avanzada.

Tuvimos que esperar un par de meses a que el yate en construcción en ese momento, el *Zoom Zoom Zoom*, estuviera por lo menos presentable, pero ya con suficiente avance como para que pudiéramos ver todos los aspectos de su ingeniería. No producían yates en serie, fue lo primero que nos confirmaron; cada megayate que salía del pequeño astillero era único en su diseño.

Estuvimos en la dársena toda la mañana con nuestro anfitrión, uno de los tres dueños de Trinity Yacht; un hombre afable, conocedor de cada aspecto del trabajo, y orgulloso de lo que hacían y de la historia de su fábrica. Yo no tenía demasiado interés en el yate en sí y estaba allí más de vacaciones que otra cosa. Pero, como siempre, me fue ganando la curiosidad, cómo hacían esto y cómo montaban aquello. Y poco a poco, la entrevista pasó de ser una indagatoria sobre la compleja arquitectura de sus famosos yates a una conversación más general e informal.

Hay tres cosas que nunca olvidaré de ese día y de esa conversación mientras recorríamos, en una visita guiada, cada sala de montaje, y la creación y ensamblaje de cada segmento del barco. Primero, ver con mis propios ojos una cuchilla de agua cortar una placa de acero de una pulgada *(sí, lo que oíste, una hoja de cortar hecha de agua, un chorro tan potente que es capaz de horadar una pared de acero)*. Lo segundo fue la historia misma del astillero en el delta del Mississippi; para navegar los pantanos de Luisiana y los canales de New Orleans se requerían embarcaciones de quilla muy poco profunda. A través del tiempo se había ido mejorando de manera natural este tipo de barcazas destinadas a navegar en aguas someras. Con esa premisa se crearon las lanchas de desembarco que usó el ejército norteamericano en Omaha, en el histórico Día-D que redefinió el curso de la Segunda Guerra Mundial con la entrada de Estados Unidos al conflicto en el frente europeo.

Desde entonces, el antiguo astillero había trabajado para un solo cliente, la marina de Estados Unidos. Pero unas décadas después el tiempo de ser proveedores únicos del gobierno estadounidense había pasado, y así fue como tres emprendedores se reunieron y compraron la antigua fábrica de barcos, y la transformaron en una dársena para el armado de otro tipo de naves, más demandado en tiempos de opulencia (que no necesariamente de paz) en Estados Unidos.

Estuvimos toda la mañana viendo paso a paso la complicada ingeniería de un yate de gran calado y altos vuelos. El *Zoom Zoom Zoom* era una mansión flotante, un yate de 50 metros de eslora, regalo de algún millonario podrido en dinero para su esposa. Era a ella a quien le gustaba navegar. Era una mujer ya mayor y tenía la pretensión de darle la vuelta al mundo en su yate, nos aclaró X. Con o sin su marido, que no era muy aficionado al mar. (Nadie dijo, por lo menos en voz alta, que el hombre quisiera deshacerse de ella). Solo que la señora estaba dispuesta a vivir meses mar adentro, rodeada de cada comodidad imaginable, alta tecnología, comunicación satelital; el clásico hogar fuera del hogar.

En fin, el *Zoom Zoom Zoom* era una de esas obras de arte de la marinería. Y nosotros habíamos venido a verlo aquí varado, porque sería la única manera que gente de nuestra calaña tendríamos la posibilidad de estar dentro de uno de aquellos alguna vez en la vida.

Lo tercero que nunca olvidaré fue lo que escuché después, cuando nuestro anfitrión nos invitó a comer, comida cajún, por supuesto. (*Son of a gun we'll have big fun on the bayou*). Y lo que terminó sucediendo.

En algún punto, ya relajados, no pude evitar la mención de la legendaria balsa de Huck Finn navegando a la deriva en mi infancia. Era el sueño de cualquier niño, escapar de casa, subirse a una balsa de troncos, y navegar por siempre, sin rumbo fijo, dejándote llevar por la corriente; y sobre todo, no tener que ir a la escuela, y mucho menos hacer tareas escolares. De hecho, si nos remontamos más lejos a los orígenes, aquella balsa de troncos de Huckleberry Finn había sido la primera barcaza, y el *Zoom Zoom Zoom* ahora era aquel sueño convertido en realidad para alguien.

En un instante dejó de ser la señora ricachona dándose lujos impensables con tanta pobreza en el mundo, para convertirse en aquella niña pobre que cumplía al final de su vida un sueño acariciado por muchísimo tiempo.

Pero la conversación ya había derivado hacia otro punto, las crecidas de los ríos y la amenaza siempre latente de inundaciones en un territorio donde confluyen las corrientes de agua más grandes de Norteamérica, el Missouri, el gran Mississippi, y decenas de corrientes tributarias a estos.

Íbamos en su camioneta de vuelta a la ciudad. Empezó a hablar del peligro que representaban los huracanes. En un punto redujo la velocidad, bajó su ventanilla y señaló las casas desperdigadas en un paisaje llano. Finalmente, nos detuvimos y nos invitó a bajar. Quería explicar su punto; cada vez que pasaba por aquí se le hacía más que evidente. Con una línea horizontal de su dedo índice señaló los techos de dos o tres casas cercanas; desde el terreno levantado para crear la carretera quedaban prácticamente a la altura de nuestros ojos. Luego apuntó al dique del lago Pontchartrain levantándose a lo lejos, y finalmente a la dársena donde habíamos visitado al gran *Zoom Zoom Zoom* en proceso de gestación.

¿Se dan cuenta? Dijo. Pero no era tan evidente para nosotros lo que nos quería decir. Conectó de nuevo los puntos señalándolos con el dedo una vez más, y sentenció:

"El día que a New Orleans llegue un huracán de categoría cinco, estaremos jodidos".

En dos semanas ocurrió el desastre. Lo vimos con dolor en la televisión, ya de vuelta en México. Teníamos a flor de piel varios días de conocer la ciudad más pintoresca de Estados Unidos, su famosa comida, la mística del bayou, de navegar el Mississipi en el último barco de vapor con calderas reales, de aquellos tiempos del cólera, y de Tom Sawyer y Joe y Huck, y habíamos disfrutado las noches de música interminable de bar en bar. Ahora la legendaria Bourbon Street estaba bajo el agua, mientras cientos de miles de personas se hacinaban en el Superdome. Otras habían desaparecido, sus casas barridas, sus vidas arrasadas, Katrina había destrozado New Orleans hasta sus cimientos; las inundaciones habían destruido todo a decenas de kilómetros a la redonda.

Las imágenes se nos hacían más chocantes, y nos dolían y nos llenaban de impotencia mucho más porque solo unos días antes habíamos tenido noticias de que algún día lejano esto sucedería.

Cuando llamamos a nuestro amigo para saber cómo le había ido, nos dijo que por su parte no habían tenido problemas. Habían llevado el *Zoom Zoom Zoom* río arriba con tiempo suficiente, a un lugar previsto, desde el momento que se anunció el avance de Katrina. El tan esperado huracán de categoría 5 había dejado de ser una amenaza improbable. Al final todos sabían que algo así podía suceder. Pero la mayoría de la gente no tenía los recursos para movilizarse en caso de que así fuera, y muy pocos en realidad pensaron que fuese a suceder. La actitud indolente al respecto tenía que ver precisamente con que la crónica de una tragedia anunciada se había hecho vieja por repetitiva y nadie le hacía ya el menor caso. Nadie excepto quienes fueran capaces de conectar los puntos, y mirar en el futuro, imaginar el alcance de la tragedia y prepararse para ello. Nadie como un constructor de barcos para salir a flote en una circunstancia así, sobre todo si se habían preparado con tiempo, visión y planeación para enfrentar al monstruo, o escapar.

Mi visión, mi misión...

Todo emprendimiento parte de una idea sencilla, por lo menos para quien en principio conectó los puntos y vio en el futuro la manera de resolver una necesidad, de hacer algo que otros no han hecho, quizá porque las condiciones no estaban dadas, o porque solo él por su vocación y experiencia y la confluencia de eventos y circunstancias específicas le mostraron el camino. Estamos destinado a escuchar un llamado, muchas veces que ni siquiera elegimos de manera consciente. Pero llegado ese momento, nos sentimos aludidos, somos capaces de ver lo que otros no están viendo, y de formarnos y combinar imágenes que nos permiten visualizar un panorama diferente.

La mayoría de las veces llega por la vía menos esperada, incluso la menos deseada. Aquella llamada de mi amigo en 2014 me lanzó en una búsqueda que jamás antes había prefigurado, pero muy pronto llegué a sentir que me empujaba en una dirección, que emprendía un camino relativamente nuevo, con retos desconocidos, y me sentí a gusto con ello, y con muchas ganar de seguir adelante y ver a dónde me llevaba.

En los últimos tiempos se explica mucho el surgimiento de empresas y organizaciones por medio del famoso círculo dorado de Simon Synek que pone el Por Qué, la Razón de ser, el propósito en el centro de todo emprendimiento. En principio me parece una herramienta muy útil y necesaria, pero queremos matizar. Desde la perspectiva del storytelling, si nos enfocamos primero en el por qué, dejamos de ver que el propósito siempre es de alguien, que el llamado siempre encuentra al ser humano que ha de emprender ese camino. Todo negocio o emprendimiento inicia con la visión de un ser humano o un grupo que se puso a imaginar cómo sería si…

Así como tres amigos vieron un astillero de yates de lujo donde solo había una vieja factoría de barcazas, imaginar no es otra cosa que poner en imágenes, prefigurar un mundo donde las cosas son diferentes. La imaginación es la madre de la creación. Si no imaginamos no nos movemos.

Así mismo, lo que vio nuestro anfitrión en el futuro, las imágenes de un New Orleans cubierto de agua, salvó su negocio. Y no fue casualidad, sino lo contrario, causalidad.

Hoy más que nunca, la manera en que las empresas exitosas navegan las aguas del presente es imaginando todo el tiempo el futuro, adelantándose a las necesidades del cliente, tratando de conocerlas de antemano. Por eso y para eso queremos mantener una conversación abierta y sostenida con nuestros usuarios a tiempo completo. Y por eso las redes sociales y esta comunicación de entradas múltiples, de análisis de datos, ponen la innovación y la planeación a futuro en el centro, y crea y recrea historias con todos los posibles escenarios, y se nutre con las estrategias del *design thinking*.

(Uno de mis temas favoritos de investigación en los últimos tiempos ha sido

analizar la fórmula Design Thinking + Storytelling y el resultado no puede ser otro que el Story Design, el diseño de historias. He despejado algunas ecuaciones en ese sentido, pero es trabajo en progreso, ya hablaremos de ello, te lo prometo, por lo pronto se trata de un curso avanzado).

He escuchado más de una vez que el storytelling, además de ser un neologismo innecesario, que muy bien podría traducirse al español como $%&5i2"?ajo (una sola palabra), es una moda pasajera. Espero que después de leer todo esto, ya nos quede claro que no es así.

Una serie de cambios en el entorno de la comunicación en las últimas décadas ha resultado en nuevas maneras de comunicarnos, y ha potenciado la herramienta más vieja de comunicación del ser humano como un recurso básico para presentarnos ante el mundo y mostrar, más que decir o explicar, quienes somos y qué ofrecemos. Podemos buscarle otro nombre, pero eso no cambia el hecho de que vamos a seguir estudiando el fenómeno y que probablemente pase de ser una materia en la carrera de comunicación, o periodismo o letras, para pasar a ser una carrera en sí, con asignaturas propias, en un día no muy lejano.

Empecé a escribir este libro en 2016. Lo dejé y lo retomé varias veces. Se lo había prometido a muchos usuarios, colegas y amigos; incluso anuncié su publicación en 2018, pero no lograba sacarlo adelante. Las razones eran muy diversas, y no todas son de interés aquí, pero en algún momento me di cuenta que la experiencia acumulada en investigación del tema, sumado a la experiencia práctica de mis cursos y talleres era demasiada para entrar en un solo libro; estaba forzando demasiado las acciones. Tendría que ir paso a paso.

El tema del storytelling abarca cada vez más áreas de conocimiento, interesa a profesionales de los campos más diversos, por motivos e intereses de trabajo igual de diferentes, incluso divergentes. Se mete en los terrenos de la psicoterapia, la sociología, la comunicación de las ciencias, el periodismo, la escritura creativa, la narratología, la enseñanza y los maestros en todos los niveles de la enseñanza y la manera en que imparten sus clases hoy.

Decidí que este libro, esta historia, tenía que terminar en un punto, o no llegaríamos nunca a ninguna parte. Alcanzaríamos una meta, y después, si estábamos listos y queríamos más o teníamos nuevas expectativas e interés en el tema, nos lanzábamos a cubrir otro trecho del camino, un nuevo viaje. Así fue como pude ponerme una fecha, una meta, y el cierre al que nos aproximamos ahora.

Y se hizo inevitable que empezara a concebir la idea de escribir una serie. No se trataba de un libro sino de varios, en los que iría metiéndome cada vez más en profundidad en los temas que abordo, desarrollando ideas hasta sus últimas consecuencias y aplicaciones, y proveyendo a mi público más y mejores herramientas para incorporar el storytelling a aspectos diversos de su vida y su emprendimiento y la manera en que conciben este, lo imaginan y lo comunican a los demás.

Y la idea, como casi siempre sucede, me la dieron los usuarios de mis cursos. En más de una ocasión, los debates en clases nos han llevado a las series de televisión; *Juego de Tronos* o *Peaky Blinders*, ¿se construyen con los mismos elementos? ¿Tienen el mismo arco dramático? ¿La estructura en nueve partes? En principio sí, pero también incorporan muchos otros elementos.

Es importante destacar aquí que el tipo de historias que contamos en el trabajo con narrativas de marca son historias sencillas, centradas en un reto específico, un acontecimiento concreto y un propósito único. Para ello diseñamos la estructura en nueve partes como un modelo funcional para el tipo de historias que usan internet y las redes sociales como canales de comunicación.

Me gusta usar metáforas de la ciencia en mis cursos porque me fascinan los temas de carácter científico. Sigo muy de cerca los avances en las neurociencias, los estudios de la consciencia, la biología de sistemas, cosmología, los avances tecnológicos basados en la mecánica cuántica y el espectacular desarrollo de la genética que tuvo como parteaguas la conclusión del proyecto del genoma humano en el 2001. En realidad, me mueve cualquier historia que nos cuente sobre los avances del ser humano en el descifrar los misterios del universo.

Pero también lo hago por vanidad, para alardear un poco de mis conocimientos. En el fondo eso es lo que hacemos siempre que contamos historias. Te lo cuento porque yo lo sé, porque lo viví, porque lo sentí y puedo hablar de ello. Con moderación no está mal, es hasta recomendable que el público se quede con ganas de saber más, de tratar de entender que quise decir con eso del "principio de la incertidumbre", "un horizonte de sucesos", de dónde saqué lo de "la radiación de fondo" y cosas así. Ya lo hemos dicho por ahí, y si no, lo digo ahora: todo el asunto de contar historias radica en saber dosificar la información para mantener a tu público enganchado, interesado, y mejor si llegamos a ponerlo al borde del asiento. En ese sentido, las series de televisión son el mejor referente. La manera en que vemos hoy Netflix como una empresa icónica de esta nueva relación con las audiencias, y como disfrutamos de su oferta, también es el resultado de esos avances tecnológicos, que a su vez propician otros avances y nuevas técnicas y recursos en el arte de contar historias.

Hace mil años Scherezade logró mantener la cabeza sobre su cuerpo porque de ella brotaban noche tras noche aquellas maravillosas historias que mantenían enganchado a su príncipe. Así fue como salvó su vida según la leyenda. Y con ella se salvaron Aladino, Simbad el Marino, Ali-babá y hasta los cuarenta ladrones.

Hoy esa manera de dejarnos esperando hasta el episodio siguiente se le llama *cliff hanger* en el medio, y es un recurso del conocimiento de cualquiera que escriba guiones e historias de todo tipo, basado en los mismos principios de la intriga, la curva de tensión distensión, la estructura en tres actos, el arco dramático y demás. Y todo ese saber también se lo estamos pasando a los hombres de negocios y comunicadores de todo tipo.

Solo que en las series confluyen decenas de personajes, cada uno con su propio desarrollo dramático, y lo que vemos son los picos, los choques y entrecruzamientos. La metáfora de la ciencia para explicarlo sería la *interferencia de ondas*. Si tiramos una piedra en la superficie del agua se forma una onda expansiva, si tiramos dos, la onda expansiva de la primera choca con la segunda. Cuando lanzamos varias a la vez, el choque de las ondas produce picos que en principio parecen caóticos, aunque cada uno siga el mismo patrón de la onda expansiva que ya no somos capaces de distinguir por sí sola, sino como el movimiento convulso de la superficie del mar. Pero en el fondo son las mismas ondas, patrones fijos, diseñados con mucha preparación y conocimiento de causa.

Para mí, la idea final de crear una serie de libros de storytelling no se basa esencialmente en dejar al lector enganchado con el próximo episodio; más bien se deriva de la necesidad de ir más allá y profundizar, y seguir las ramificaciones de los temas que aquí han tenido acaso un primer acercamiento, y del hecho mismo de que, a medida que yo concluía la impartición de un curso, siempre me topaba con aquel: ¿y ahora qué sigue?

Eso me obligó a desarrollar nuevos cursos, para niveles más avanzados en la creación de historias, para explicar estructuras más complejas como el viaje del héroe; pero también para abordar audiencias con propósitos más específicos como en el caso de las ONGs, grupos de personas que se preparan para dar una plática TED. Mención aparte merecerían otros dirigidos a maestros y profesores, un gremio con exigencias de cambios muy particular, en un tiempo en que la educación tradicional está siendo cuestionada de mil maneras y que, incluso mucho antes de la pandemia del coronovirus, está exigiendo formas novedosas y disruptivas de abordar la enseñanza.

También mi propio interés en la psicología analítica junguiana, la psicología imaginal de James Hillman y los autores post-junguianos me ha hecho ver la importancia que tiene para la creación de historias entender cómo funcionan los arquetipos, prototipos, estereotipos, y su conexión con el liderazgo y la comunicación para el éxito. No podemos hablar de storytelling sin hablar del simbolismo y el mito en la creación de historias. Pero tendremos que hacerlo en su momento.

A partir de los años noventa, con la salida de *Maps of narrative práctice*, de Michael White, se inició toda una escuela de terapia narrativa que confluye en muchos puntos con los principios del storytelling, aunque sea un desarrollo por separado. Igualmente, el excepcional fenómeno que representa el psicólogo clínico y *youtuber* Jordan Peterson y sus millones de seguidores en todo el mundo pasa por su disección de las historias desde una perspectiva junguiana, con base en el mito y, por supuesto, para entender las narrativas que mueven a la sociedad contemporánea, y desarrollar una propia que nos ayude a mejorar todos los aspectos de nuestra vida. De eso se trata *12 Rules for Live*, el inconcebible bestseller que atrae a millones de lectores y seguidores en YouTube.

El storytelling es lo contrario de una moda pasajera. El recurso de contar historias con propósito es hoy más relevante que nunca, ya no solo entre individuos, sino como marca persona, marca destino, empresas, organizaciones y profesionales de todo tipo. Su aprendizaje llegó para quedarse, y no tengo dudas de que, en algún momento, como ya lo han intentado algunos de nuestros colaboradores (*como el colegio Álamos de Cancún*), se irá incorporando a las actividades curriculares desde la escuela primaria, porque es una habilidad fundamental en nuestro mundo con más razón que nunca.

Una parte central de este libro, *Cómo se cuenta una historia*, nace de un curso introductorio al storytelling. En el año 2018 impartí ese curso para un grupo de comunicación interna de la empresa Bimbo en la Ciudad de México. A partir de éste, me pidieron desarrollar uno similar, pero en línea, para que pudiera tomarlo el personal de corresponsalías y áreas de comunicación de la organización en otras ciudades de México y en otros países donde Grupo Bimbo tiene presencia. Los textos que produje para los videos del curso resumen de manera puntual el contenido del curso básico de storytelling, pero traté de complementar la información con otros argumentos importantes para quienes decidieran empezar a desarrollar su propia narrativa.

Entonces fue que entendí finalmente que todo lo que tenía que explicar, analizar y compartir desbordaba el alcance del libro. Responder a las tantas preguntas que surgen día a día en mis cursos, y cuyas respuestas siguen develando nuevos matices y soluciones a problemas específicos, precisaba de una constante actualización y ampliación del campo de batalla.

Y aún intento llegar más lejos en compartir mi experiencia. No solo pretendo escribir más de un libro (ya el segundo está en camino), también quiero a partir de ellos contribuir a formar nuevos expertos en la materia por medio de una certificación. Primero para que otros puedan impartir ese curso básico y ayuden a muchas más personas a desarrollar esta habilidad. Y después, para ampliar ese entrenamiento en cursos de nivel más avanzado, más allá del ámbito de la comunicación de negocios y de aprender a contar no una historia, sino muchas, conectadas entre sí e integradas en una estrategia de contenidos y una narrativa de marca.

En ese sentido, desde ya puedo invitar a los lectores, ahora sí, a lo que sigue, el viaje del héroe explicado desde una perspectiva novedosa y diferente Y ya no solo como una herramienta de comunicación profesional y para los negocios, sino para aprender a vivir mejor, a convivir de una manera más compasiva con nosotros mismos, de manera consciente con los demás; a desarrollar una narrativa personal en armonía con nuestro entorno y a visualizar el futuro que deseamos para nosotros, para nuestra gente, el planeta que habitamos y nuestro mundo interior.

V: Qué sigue

Certificamos que...

Si llegaste hasta aquí (leyendo) es muy probable que veas en este libro un nada disimulado interés por promover mis cursos y talleres de storytelling.

Pero es todo lo contrario. En los últimos cinco años enseñar storytelling absorbió todas mis energías. Tuve que poner a un lado mi carrera como escritor y ¡vaya que lo he re-sentido! Ahora espero retomarla con toda la energía. Ganado tengo el pan...

Además del compromiso de escribir toda la serie de libros sobre storytelling, debo entregar la última novela de una trilogía para el año entrante, retomar una serie de televisión y colaborar con otros autores en llevar a buen puerto sus libros.

Entonces, ¿cómo hacer todo eso? Dejando en manos de otros una buena parte del trabajo de investigar, desarrollar e impartir cursos y talleres de storytelling.

Para ello, hemos decidido crear un diplomado y/o CERTIFI-CACIÓN por etapas para formar profesionales en la impartición de cursos y talleres en los niveles básico e intermedio.

El objetivo primario es colaborar con personas y colectivos

en ámbitos especializados para reintroducir y actualizar la enseñanza y práctica del storytelling en la educación y la academia. También con padres y madres para que guíen de manera consciente a sus hijos en la búsqueda del conocimiento a través del mito y la fantasía como la mejor manera de no perder su infancia y crecer como seres humanos más despiertos. Formar comunicadores y creadores de contenido en blogs, redes sociales y medios de comunicación con horas de entrenamiento real en storytelling.

Finalmente, hallar espacios comunes de colaboración en estas y otras áreas de la comunicación humana como el coaching, psicología narrativa, habilidades de liderazgo, alocuciones públicas y pláticas tipo TED para mejorar la interacción con el público y la creación de mensajes que resuenen con las audiencias.

He compartido ya en este libro mi Visión de llevar la herramienta del storytelling a todos los ámbitos de la comunicación humana, y se impone la necesidad de aunar talentos y voluntades en el cumplimiento de esta Misión, y compartir estos Valores. Entonces, no se trata aquí de mis cursos y talleres, pero sí, probablemente, de los tuyos.

Si quieres conocer más sobre nuestro proyecto de capacitación y te interesa ser parte de él y colaborar con nosotros en posicionar el storytelling en la mente y el corazón de muchos más, visita https://andresjorge.com.mx/certificacion/ y ahí hablamos. También puedes preguntar por nuestro programa de coautoría.

PD: Ahora cuenta los párrafos arriba ¿Notas algo? ¿Qué será?. Date cuenta y cuéntanos. Esperamos tus comentarios y ¿por qué no? también tu reseña en Amazon, la que merezca este libro, ni más ni menos.

Videografía

Además de los videos referenciados en el libro, hemos reunido aquí la mayoría de los que usamos a modo de ejemplos y para ejercicios prácticos en los primeros cinco años de impartir cursos y talleres. Desde videos musicales, didácticos o videos sociales de marcas más o menos conocidas, todos están concebidos en forma de historias y pueden servirte como material de estudio para profundizar en los diferentes aspectos del storytelling analizados aquí. Dado que no tenemos los derechos exclusivos de uso del material, y no depende de nosotros que se mantengan al alcance de todos, pedimos disculpas de antemano si alguno tiene limitaciones de acceso por disposiciones de YouTube, Google, o los autores y dueños del material.

Thank you Mom
P&G
https://youtu.be/1SwFso7NeuA

Google Reunion
Google Search
https://youtu.be/gHGDN9-oFJE

Coca-Cola
Small world machine - Coca-Cola
https://youtu.be/ts_4vOUDImE

La neurociencia del storytelling - Paul Zak
https://youtu.be/IlBQldQIebg

Strip Poker Centrum Silver
https://youtu.be/wjPfJ8LH0B4

Susan Boyle
Britain's Got Talent
https://youtu.be/S9voHYtPlNo

El abrazo del alma, Coca-Cola
https://youtu.be/sCuYk_JlIcM

Steve Jobs, Discurso en Stanford 2004
https://youtu.be/haLr63GA3r4

La historia de Caleb y el perro que lo rehabilitó
(Intermountain Therapy Animals)
https://youtu.be/q_AX623JXaU

Toyota Tundra Endeavor Campaign
Saatchi & Saatchj
https://youtu.be/rThIAMI3d28

Life is a Beautiful Sport Lacoste
https://youtu.be/p9i8aRikIDU

Think Different Apple -
Narrado por Steve Jobs
https://youtu.be/nmginVTDYgc

Back to the Start
Chipotle Mexican Grill
https://youtu.be/S1zXGWK_knQ

Meat Without Drugs Chipotle Mexican Grill
https://youtu.be/C_pr1T33-EM

The Scarecrow - Chipotle Mexican Grill
https://youtu.be/Dl-6C1elTl8

Cheapotle - Chipotle Mexican Grill
https://youtu.be/pmvGFNfhhR4

Springsteen and I trailer
https://youtu.be/MX_AutzKIww

Walt Disney World Resort Overview
Disney Travels Pro
https://youtu.be/P9o4vyYH-Vs

Campaña Real Beauty Sketches
Dove
https://youtu.be/XC-3g_NHQS4

Make Love, Not War- Axe
https://youtu.be/YBrX7fBkjv8

Dream Rangers
TC Bank
https://youtu.be/mmvp3Jd-Y-4

Manifesto - Texting While Driving
USDOTNHTSA
https://youtu.be/O8MQV40pOtk

Rise Up, video musical
Ives LaRock
https://youtu.be/zoMYU_nOGNg

Red Bull Stratos - World Record Freefall
Red Bull
https://youtu.be/dOoHArAzdug

Rolf Larsen Miracle of Life
Facebook
https://youtu.be/d0vN5aVopfA

What Makes a Hero?
TED, Mathew Wrinkler
https://youtu.be/Hhk4N9A0oCA

Wake me Up, video musical - Avicii
https://youtu.be/IcrbM1l_BoI

The Farmer   Comercial Super Bowl XLVII
Dodge Ram
https://youtu.be/LIisSbFbS_k

Cenizas Campofrío
https://youtu.be/muheOkimCk0

iPad - Homework Apple
https://youtu.be/IprmiOa2zH8

A boy and his atom IBM
https://youtu.be/oSCX78-8-q0

Dove evolution
Dove
https://youtu.be/iYhCn0jf46U

Onslaught
Dove
https://youtu.be/9zKfF40jeCA

Transmedia storytelling
FCB & FiRe Spain
https://youtu.be/5IFnSp2ilcQ

Bibliografía básica

Estos libros fueron muy importantes para mí en una primera indagación sobre el storytelling; algunos lo siguen siendo.

1. *El héroe de las mil caras*, Joseph Campbell

2. *Las siete tramas básicas, por qué contamos historias* Christopher Booker

3. *El viaje del escritor*, Christopher Vogler

4. *El guión: Story*, Robert McKee

5. *Tell to win*, Peter Guber

6. *Arte poética*, Aristóteles

7. *Creatividad, S.A.: Cómo llevar la inspiración hasta el infinito y más allá*, Amy Wallace y Edwin Catmull

8. *La morfología del relato*, Vladimir Propp

9. *The Collected Works of Carl Gustaf Jung*

10. *Screenplay, the Foundations of Screenwriting*, Syd Field

Habrá más, la búsqueda continúa, se expande cada vez a áreas más alejadas del centro, pero que siguen conectando puntos para visualizar un panorama más amplio del estudio del storytelling, en pleno auge y constante desarrollo.

Otros libros del autor

Te devolverán las mareas

"En medio de la desesperación, celebró la esperanza. Frente a la muerte, afirmó la belleza de la vida. Y en los días oscuros, cuando todo parecía perdido en nuestro país, cuando muchos se negaban a escuchar su resonante voz, se quitó la vida". Nelson Mandela.

Cuando escribí este libro, en 1997 -ha dicho el autor en entrevista reciente- no conocía a Ingrid Jonker, la formidable poeta sudafricana. La descubrí en el primer discurso de Mandela como presidente.

Virginia da su último paseo cotidiano por la ribera del río Ouze. Safo se enfrenta al precipicio en la roca Leucadia. Izumi observa pensativa la serena superficie de un lago ficticio, se desnuda… Ofelia Ibarra, 'convocada a ese extraño rito inmemorial', replica la despedida de otra Ofelia, la de Hamlet. Cadaver exquisito, la joven amante resuelve el gran predicamento de su príncipe. Entre ser o no ser, elige trascender.

Ellas vivieron en un tiempo hecho a la medida de los hombres. Pero eligieron ser diferentes. Por eso es infaltable este último acto; la mística del suicidio y la muerte por agua, las eleva a la condición icónica del arquetipo.

Voyeurs

Un pintor observa furtivamente a su vecina con la esperanza de verla nadar desnuda en la alberca y... pintarla. Esta invasión a la intimidad abre una brecha a los deseos por donde el artista tratará de penetrar hasta el alma de la mujer del prójimo, quien a su vez dibuja la mirada del pintor.

En otro lugar del mundo y en otro tiempo, Ulises El Balsero, rescatado por un buque en su última travesía, se unirá a una singular tripulación que se divierte contando historias en largas jornadas nocturnas. Esta urdimbre de fábulas, donde se mezclan la realidad y la fantasía, unirá sus vidas para siempre.

Con un uso desenfadado y diverso de la parodia como recurso estilístico, el autor despliega en esta novela un conjunto de historias dentro de otras que convergen en una sola dirección: la mirada que desnuda.

Barcos que se cruzan en la noche

Adrián pasa largas vacaciones con sus primas y hermanos en la Unidad Militar de El Cabo. Han crecido juntos en estas playas a las que solo tiene acceso la familia de El Lanchero, jefe de las Tropas Guardafronteras en el extremo oeste de la Isla Grande. Pescan, cazan, juegan a la guerra y al amor y descrifran mensajes embotellados que las corrientes marinas arrojan en una bahía cercana.

Hasta que un yate de recreo empieza a rondar, se acerca más en cada nueva aparición y una noche enfila proa a la Unidad. A bordo viaja una mujer. Hay que evitar que la intrusa se infiltre en su territorio. La guerra y el amor dejan de ser un juego. Al amanecer, el mar arroja un mensaje muy diferente en esta playa, la señal primera de que los días de creer y crecer en este paraíso que ha sido para ellos la Isla Grande están llegando a su fin.

Kali la oscura

La lectura de un manuscrito prende un fuego voraz en la

memoria de Zuni, Adrián y Migue, y despierta en los tres hermanos una necesidad impostergable de cotejar lo que cada quien recuerda sobre hechos de su vida en común que siempre estuvieron velados por el misterio y la censura, o se envolvieron en un ominoso silencio.

Tras una ausencia de veinte años, desde su último encuentro en la vieja casa de sus padres, deciden festejar juntos las Navidades y fin de año de entrada a un nuevo milenio; una forzada réplica de aquellas cenas familiares que recuerdan de sus tiempos más felices; la infancia juntos.

Zuni, la anfitriona, prepara el encuentro embriagada de nostalgia y poseída de un renovado amor por sus hermanos, a la vez que se busca a sí misma en esta indagación: ¿quién fue y quién es Kali, la oscura?

Algo sabemos, Zuni y Kali son la misma persona, y una tercera: la narradora de esta historia, mordaz, amorosa y amoral a la vez, siempre en busca del equilibrio que le permita estar a la distancia adecuada de los hechos y sus actores mientras hurgan en un pasado ya confuso, lejano, pero que alberga las claves para mitigar la soledad del presente y cimentar un futuro.

Kali, la oscura, segunda entrega de la *Trilogía de la Isla Grande* —a la que precedió Barcos que se cruzan en la noche— narra este encuentro, que más que revivir el pasado, llevará a sus protagonistas a sellar un 'verdadero pacto de sangre' que vuelva a reunirlos, ahora sí, para siempre.

Pan de mi cuerpo

En esta novela una voz múltiple -enlazada por entrevistas, testimonios y documentos ficticios-, reflejo de la memoria colectiva abigarrada y contradictoria, va desplegando la imagen siempre incompleta de Graciela Vidal, que parece oscilar entre la santidad y la perversión, la idolatría de unos y el descreimiento de otros; entre la veneración, la envidia y el deseo.

En Pan de mi cuerpo se trata lo erótico y lo religioso en un marco de extrañamiento, ironía y reconstrucción de una realidad tan compleja como la propia personalidad de la protagonista.

Las dudas y certezas que se entretejen sobre la vida de Graciela Vidal, las raras circunstancias de su muerte y las motivaciones de los seres que se mueven a su alrededor como fichas de un gran juego cuyas reglas no conocen, dejan aún espacio para que también el lector ejerza su derecho a la especulación sobre las motivaciones humanas y divinas del personaje.

Esta obra, ganadora del Premio Joaquín Mortiz Primera Novela 1997, por medio de una inteligente y a ratos hilarante serie de testimonios, presenta una historia enigmática que no pasará desapercibida.